教師のための教育学シリーズ **10**

教師のための教育学シリーズ編集委員会　監修

生徒指導・進路指導

理論と方法

第三版

林 尚示・伊藤秀樹
編著

EDUCATIONAL STUDIES FOR TEACHERS SERIES

学文社

執　筆　者

＊林　　尚示　東京学芸大学教育学部教授 ……………………………………… 第1章，第9章

　木内　隆生　元 東京農業大学教職・学術情報課程教授 ……………… 第2章，コラム

　佐野　　泉　元 横浜国立大学大学院教育学研究科教授 ……………… 第3章，コラム

　松山　康成　東京学芸大学教育学部講師 ……………………………………… 第4章，コラム

　林　　幸克　明治大学文学部教授 ……………………………………………… 第5章，コラム

　鈴木　　翔　東京電機大学理工学部准教授 ………………………………… 第6章，コラム

＊伊藤　秀樹　東京学芸大学教育学部准教授 ………………………………… 第7章，第11章

　内田　康弘　愛知学院大学教養部准教授 ……………………………………… 第8章，コラム

　林　　明子　大妻女子大学家政学部講師 ………………………………… 第10章，コラム

　今野　晴貴　NPO 法人 POSSE 代表理事 ……………………………… 第12章，コラム

コ　ラ　ム

小川眞理絵　東京学芸大学大学院連合学校教育学研究科博
　　　　　　　士課程（第1章，第9章）

大江　將貴　帝京大学文学部助教（第6章）

小黒　　恵　労働政策研究・研修機構研究員（第7章）

尾場　友和　大阪商業大学公共学部准教授（第10章）

柊澤　利也　香川大学教育学部講師（第11章）

（執筆順，＊は編者）

まえがき

　本書は，大学で教育学を学ぶ学生と，小学校，中学校，高等学校で児童生徒の教育に携わる先生方を主な対象として編纂した。

　教育学は教育学部でも学ぶことができるが，教員養成課程を設置するすべての学部で学ぶことができる。それだけ対象となる学生の広い学問である。そのため，適切な指導書がないと十分に生徒指導や進路指導について理解しないまま教員となってしまうことがある。本書は第一線で活躍する研究者による分担執筆であるため，最新の生徒指導と進路指導についてバランスよく全体を網羅する形で書かれている。そのため，学部で生徒指導と進路指導を学ぶための教科書として最適な図書である。

　また，日々児童生徒の教育を進めている小学校，中学校，高等学校の先生方が，現在の教員養成段階で生徒指導や進路指導がどのように学ばれているのかを知るためにも，活用できる図書とした。世界情勢や時代の変化により生徒指導や進路指導も変化する部分があり，研究の進展によって新たな内容が加わることもある。ベテランの先生方は最新の生徒指導や進路指導の研究状況を確認するために本書を活用していただきたい。

　本書は全12章からなり，生徒指導に関する事項は第1章～第8章，進路指導・キャリア教育に関する事項は第9章～第12章で取り上げた。

　第1章～第8章では，文部科学省が発行する『生徒指導提要』に基づきながら，生徒指導の各事項について論じた。第1章～第5章ではそれぞれ，『生徒指導提要』の章・節に沿って，「生徒指導の意義と原理」「教育課程と生徒指導」「児童生徒理解」「学校における生徒指導体制」「児童生徒全体への生徒指導」について取り上げた。第6章・第7章では，児童生徒が抱える個別の課題のうち，生徒指導上非常に重要だと考えられる「いじめ」と「不登校」について取り上げた。第8章では，生徒指導に関する法制度としてとくに理解しておくべき事項として，「校則」「体罰」「出席停止」の3点を取り上げた。

いずれの章も,『生徒指導提要』の記述に準拠するだけでなく,研究上の最新の知見を取り上げて論じるよう心がけた。

第9章では,『高等学校キャリア教育の手引き』に基づき,進路指導・キャリア教育の意義と課題について論じた。第10章・第11章では,現在の進路指導・キャリア教育で重視される傾向にある児童生徒の「やりたいこと」の尊重と,「キャリアプラン」の作成について,指導上の留意点をふまえながら記述した。なお,進路指導・キャリア教育を行ううえでは,労働市場の現状とその問題点について知っておくことは不可欠である。そのため第12章では,ブラック企業・求人詐欺・ブラックバイトをはじめとした現代の労働問題とその背景について重点的に取り上げた。

最後に,本書出版のきっかけを与えてくださった学文社社長田中千津子氏と,編集支援をしていただいた落合絵理氏に厚くお礼を申し上げる。

2016年10月

第10巻編者　林　　尚示・伊藤　　秀樹

第三版によせて

小学校から高等学校までの生徒指導の基本書として文部科学省が発行している『生徒指導提要』が2022年に改訂された。『生徒指導提要』は2008年に発行されて以来12年ぶりの改訂である。時代の変化に加え,改訂版に示された原則や柱,指導方法などをふまえて本書にも加筆修正等を行った。

また,キャリア教育については,2022年に改訂された『小学校キャリア教育の手引き』と2023年に改訂された『中学校・高等学校キャリア教育の手引き』に合わせて内容の加筆修正を行った。また,図表等では可能な限り最新年度の調査結果を反映するよう努めた。

第三版についても,みなさまからのご批正をいただけたら幸いである。

2024年2月

編　者

目　次

Column

第1章

生徒指導の意義と原理

● **本章のねらい** ●

本章では，小学校から高等学校までの学校段階で教師が児童生徒に対して実施する生徒指導の意義と原理について概要をまとめる。その際，『生徒指導提要』（文部科学省，2010年，2022年）などを活用して説明していく。

第1節　生徒指導とは

生徒指導とは，「児童生徒が，社会の中で自分らしく生きることができる存在へと，自発的・主体的に成長や発達する過程を支える教育活動」（文部科学省 2022: 12）と定義されている。そして，生徒指導の目的については「児童生徒一人一人の個性の発見とよさや可能性の伸長と社会的資質・能力の発達を支えると同時に，自己の幸福追求と社会に受け入れられる自己実現を支えること」とされている。そして，生徒指導は，次に示すようにプロアクティブとリアクティブの2軸，発達支援的生徒指導，課題予防的生徒指導，困難課題対応的生徒指導の3類に分類される（**図1.1**）。

具体的には，小学校から高等学校までの学校段階で実施される教師から児童生徒への指導である。小学校では学習者を児童と呼ぶが，教育活動としては児童指導ではなく生徒指導という語が使われる（文部科学省 2017: 28）。英

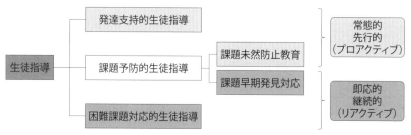

図1.1　生徒指導の分類

（出所）文部科学省（2022: 17）

図1.2　生徒指導に注目した学校での指導の構造

語にすると，文部科学省による仮訳では，小・中学校の生徒指導を「student guidance」としている。

　生徒指導は全教育活動を通して教師から児童生徒へ実施される指導であり，指導とはある目的に向かって教え導くことである。学校で行われる教師から生徒への指導には生徒指導，進路指導，学習指導があり，その関係としては**図1.2**のように整理することができる。生徒指導は全教育活動を通して実施されるため，学習指導を通しても行われている。そして，生徒指導と進路指導は強い関連を持ちながら学習指導を取り巻いている。

　なお，生徒指導と学習指導を対比させてみると，生徒指導は教師の自由裁量の幅が大きいことがわかる。学習指導については機会均等と水準維持のために全国共通の教育課程が設定されている（樋口ほか編 2009: 27）。それに対して，生徒指導は教育の機能である。このことは，「各教科等の教育課程を骨格・筋肉とするならば，そのすべての営みに血液のごとく流れているのが

生徒指導」（有村編 2007: 12）とも表現されることがある。教育活動の時間枠を基準に考えると**図 1.2** のように学習指導の時間にも生徒指導が実施され，学習指導の時間以外にも生徒指導が実施されるというようにもとらえられ，有村（2007）のように人体モデルの骨格血液モデルでも生徒指導を把握することができる。

　生徒指導と類似する概念として「生活指導」がある。こちらは，現在では，児童福祉法に基づいて，児童自立支援施設でも行われる（児童福祉法　第44条）が，これまで学校現場でも広く用いられてきた用語である。しかし，現在では文部科学省は「生活指導」に代わって「生徒指導」を用いるようになっている。文部科学省は 2010 年の『生徒指導提要』作成時に，生徒指導と「生活指導」の違いについて以下のように説明している。「『生徒指導』に類似した用語に『生活指導』や『児童指導』があるが，『生活指導』は多義的に使われていることや，小学校段階から高等学校段階までの体系的な指導の観点，用語を統一した方が分かりやすいという観点から，本書では『生徒指導』としている」（文部科学省 2010: 3）。多義的という観点からすると，「生活指導」について，折出健二は「教師が子供とともにその社会現実に向き合い，その矛盾や困難な状況を乗り越えながら一人ひとりの生き方を切りひらく営みとして，1920 年代に成立した」（折出 2014: 14）と説明している。新井郁男も，生活指導については生活綴方運動と全国生活指導研究協議会の二つの文脈との関連を指摘している（新井ほか編 2006: 15-6）。

第 2 節　生徒指導の歴史と種類

1. 生徒指導の歴史

　それでは，生徒指導の歴史をみていこう。生徒指導の歴史は大正期にまでさかのぼることができる（坂本 1980: 16）。『新生徒指導事典』にて坂本昇一が提示した表をもとにみていこう。坂本の表では平成期が欠如しているため，平成期を加えて表にしてみた（**表 1.1**）。このように，生徒指導は，大正期か

表 1.1　生徒指導の歴史区分

No	期	特徴	元　号	出　来　事
第Ⅰ期	大正期	揺籃期	大正 2 年ごろ 〜大正末ごろ	ケイ（Key, E.）・ブーム 職業指導（vocational guidance）の紹介
第Ⅱ期	昭和前期	啓蒙期	大正末ごろ 〜昭和 12 年ごろ	郷土教育運動 生活綴方運動
		停滞期	昭和 12 年ごろ 〜昭和 20 年ごろ	生活綴方教師の検挙
第Ⅲ期	昭和後期	導入期	昭和 20 年ごろ 〜昭和 26 年ごろ	CIE のカーレー（Carley）の指導でガイダンス研究開始
		試行期	昭和 26 年ごろ 〜昭和 33 年ごろ	日本的生活指導を求める機運が高まる
		対立期	昭和 33 年ごろ 〜昭和 41 年ごろ	生活指導から「道徳」に関心が向かう
		定着期	昭和 41 年ごろ 〜昭和末ごろ	『生徒指導の手引き』（文部省 1965）配布
第Ⅳ期	平成期	発展期	平成元年ごろ 〜現在	『生徒指導提要』（文部科学省 2010）配布

（出所）坂本（1980: 16-20）をもとに筆者が平成期を加筆。

ら現代まで，4 期に区分することができる。

　第Ⅰ期　ケイ（E. Key）・ブームとは，スウェーデンの社会思想家であるエレン・ケイ（Ellen Karolina Sofia Key）が著した『児童の世紀』（1900 年）が契機となった世界の新教育運動である。ケイ・ブームで児童を中心とする学説が広がり，児童生徒の実態への関心が高まり，生徒指導が重要視されるようになった。

　第Ⅱ期にみる郷土教育運動とは，世界的恐慌から日本の農村を守ることを目的として当時の文部省が奨励した運動である。また，生活綴方運動とは各自の日常生活をもとにした文章を書かせて思考・判断などの資質・能力を高める教育である。郷土教育運動，生活綴方運動で郷土社会や児童生徒の生活の現実を直視させる活動が，生徒指導の実践につながっていく。

　第Ⅲ期として，戦後，連合国軍総司令部（GHQ/SCAP）の民間情報教育局（Civil Information and Educational Section: CIE）のカーレー（Verna A. Carley）は

ガイダンスの講習などを積極的に推進した。そして，その後，昭和 20 年代後半頃からはガイダンス的な生徒指導の形式主義的な面への反発などもあり，日本的な生活指導を求める機運が高まった。昭和 30 年代後半からは，「学校教育法施行規則」の改正により「道徳」の時間が特設され，教育界の関心が道徳に移行した。

　第Ⅳ期　平成期の特徴は『生徒指導提要』(文部科学省 2010) が刊行され，『生徒指導の手引き』(文部省 1965) などを発展させた新たな基本書が登場したことである。

　なお，「生活指導」という用語が多義的に使用されてきたことを先に述べたが，具体的には，第一次大戦後の修身教育体制に対する戦いの影響や，1958 年以降の行政主体で進められる管理主義的教育への対抗として使用されてきたという指摘もある (早坂 2011: 11-2)。

2.　生徒指導の類型

　生徒指導の伝統的な類型については，生徒指導の進め方に着目して児童生徒全体への指導と個別の課題を抱える児童生徒への指導に分けることが一般的である。児童生徒全体への指導を集団指導，個別の課題を抱える児童生徒への指導を個別指導と呼ぶ。

　たとえば，生徒指導でしばしば取り上げられる生徒指導上の諸問題の一つである「いじめ」についても，未然防止を目的とする場合は「集団指導」が有効である (林 2014)。一方で，「いじめ」の被害児童生徒や加害児童生徒に対する指導では「個別指導」が有効である。

　「集団指導」も「個別指導」も，児童生徒の望ましい発達を促進し，不適応の児童生徒を指導する (髙野編 1994: 60-62)。前者を積極的生徒指導，後者を消極的生徒指導ということもある。

　「集団指導」は全育活動で実施するものであるため，たとえば特別活動の校外における学校行事や部活動の場面も活用できる。その際は児童生徒の危機管理上の理由などからも，「指導計画書」の作成が大切である (林ほか2013: 88-95)。校外における学校行事以外でも，特別活動は「集団指導」を

実施するために適した学習指導の領域である。なお，特別活動には，学級活動，ホームルーム活動，児童会活動，生徒会活動，クラブ活動，学校行事が含まれている。

　「個別指導」については，主たる対象は「いじめ」や「暴力行為」などの反社会的行動のみではなく，「不登校」などの非社会的行動も含んでいる。このような課題解決的な「個別指導」に関心が集中するが，教師の行う日常的な指導の中にも「個別指導」はある。たとえば，机間指導などで『丁寧な字を書いてるね』『風邪は治ったの』『今日の服装はパリッとしてるね』と声を掛けたり，あるいはジェスチャーや目で合図を送ったりしながら，数秒であっても個別指導は可能である」（林編 2014: 31）との指摘もある。

第3節　生徒指導の意義

1. 中学校・高等学校の生徒指導の意義

　本章では，小学校の生徒指導と中学校・高等学校の生徒指導に区分して論じる。この区分は，教員養成を前提とした区分である。大学の授業では，初等教育教員養成と中等教育教員養成を区分して科目開設することもある。初等用と中等用に分けた生徒指導論の科目での活用を意識して内容を区分した。

　なお，順番としては，中学校・高等学校の生徒指導の内容や積極的な価値についてまず検討を進めたい。中学校・高等学校の生徒指導をまず検討するのは，従来から，「学校教育，特に中学校や高等学校の教育において，生徒指導の充実，教科が強く要請される」（文部省 1965: 1）といった状況が継続しているためである。教諭等の充当職である「生徒指導主事」も中学校・高等学校などの中等教育段階には原則として置くものとされている（学校教育法施行規則　第70条など）。このような理由で，まずは中学校・高等学校の生徒指導の意義について検討することとした。

　これまでに，生徒指導について，木原孝博は「子どもが主体的に問題を解決できるようになることを目標とする」（木原 1996: 9）と述べている。問題

解決能力の育成を生徒指導の意義としたものである。そして，坂本昇一は「生徒指導の意義は，このような児童生徒の問題への対応といった，いわば消極的な面にあるのみではなく，むしろ積極的にすべての児童生徒のそれぞれの人格形成を目指す筋道のなかで，学校でのすべての活動において児童生徒1人ひとりが自己実現を達成し，自己存在感を得るようになることを目指すところにある」（坂本 1994 :3）と述べている。これは，人格形成を生徒指導の意義として積極的に評価したものである。

　まとめると，生徒指導の意義については，問題解決能力の育成を中心とする考え方と人格形成を中心とする考え方があることがわかる。これらは，予防的生徒指導と開発的生徒指導と呼ぶことのできるもので，両方ともに生徒指導の意義である。

　生徒指導の基本書となっている『生徒指導の手引き』（文部省，1965 年）と『生徒指導提要』（文部科学省，2010 年）を比較する形で生徒指導の意義をまとめてみよう。

　『生徒指導の手引き』をもとにすると生徒指導の意義は次の五つにまとめられる（図 1.3）。①個別的・発達的教育を基礎とする，②個性の伸長（個人的資質）・社会的資質と行動力を高める，③具体的・実際的活動として進めら

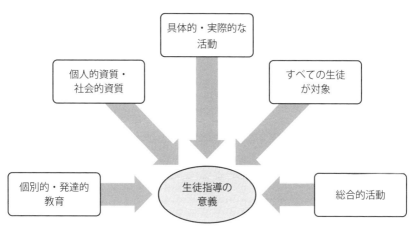

図 1.3　文部省『生徒指導の手引き』（1965 年）による生徒指導の意義の特徴

図1.4　文部科学省『生徒指導提要』(2010年) による生徒指導の意義

れる，④すべての生徒を対象とする，⑤統合的活動である。なお，ここでは，個性の伸長について，社会的資質と対応させて個人的資質として説明することとする。

　それに対して，2010年の『生徒指導提要』では，先ほどの五つの内容のうち，②個性の伸長（個人的資質）・社会的資質や行動力を高める，という内容を生徒指導の意義としている。そして生徒指導が機能する筋道として，次のような説明が加えられる。個人的資質・社会的資質・行動力を高める生徒指導で子どもの自己指導能力の育成を図る。自己指導能力は，学習指導の場を含む学校生活のあらゆる場や機会ではぐくまれる。自己指導能力を育成する目的は子どもの自己実現を図るためで，自己実現の基礎には子どもの自己選択と自己決定がある。図にすると**図1.4**のようになる。文部科学省の生徒指導についての方針は，『生徒指導の手引き』(1965年) を基盤として現代に合う形で発展させて『生徒指導提要』(2010年) が作成されたとみることができる。

　その後，2022年12月に『生徒指導提要』は改訂されている。2022年の改訂では，先に示したように『生徒指導提要』の定義，目的，分類が改めて示された。**図1.1**の2軸3類に加え，4層化した重層的支援構造を提示している（**図1.5**）。

　層は対象となる児童生徒の範囲によって区分されており，すべての児童生徒を対象としているのが第1層の「発達支持的生徒指導」と第2層の「課題予防的生徒指導：課題未然防止教育」である。そして，一部の児童生徒を対象としているのが第3層の「課題予防的生徒指導：課題早期発見対応」であ

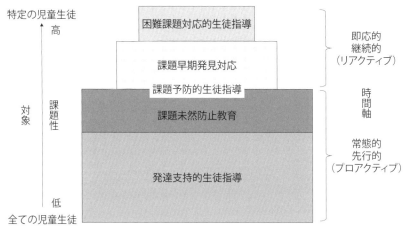

図1.5　生徒指導の重層的支援構造

（出所）文部科学省（2022: 19）

る。さらに，特定の生徒を対象としているのが第4層の「困難課題対応的生徒指導」である。時間軸，課題性，対象に着目した現在の生徒指導の構造を文部科学省は「2軸3類4層構造」と呼んでいる（文部科学省 2022: 17）。

2. 小学校の生徒指導の意義

　『生徒指導の手引き』（1965年）と『生徒指導提要』（2022年）を比較すると，対象とする学校段階の違いがわかる。『生徒指導の手引き』は中学校及び高等学校用で，『生徒指導提要』は新たに小学校を含んで小学校から高等学校までを対象としている。その根拠となることは，前者が対象となる子どもを生徒と呼び後者が児童生徒と呼んでいることである。そして，前者には青年期の心理のみ取り上げられるが，後者には児童生徒の発達を支える視点が取り上げられている。

　児童生徒の発達を支える視点に立つこととは，学習指導要領の「総則」に示されている，①学級・ホームルーム経営の充実，②生徒指導の充実，③キャリア教育の充実，④指導方法や指導体制の工夫改善による個に応じた指導の充実のことである（文部科学省 2017a: 23-24, 2017b: 25, 2017c: 71-72, 2018:

表 1.2　OECD ジャパンセミナーによるこれからの時代に求められるコンピテンシー

知識 （Knowledge）	【教科知識】読み，書き，数学，自然科学，社会科学，外国語，歴史，経済，公民，地理，芸術，体育，保健 【学際的知識】金融リテラシー，教養／文化間の教養，世界的な知識，企業家精神，ビジネス，経済学，ICT リテラシー／メディア・リテラシー，生態学，環境リテラシー，STEM，プログラミング，工学，技術，ロボティックス，実際的な／職業の関連知識
認知的資質 （Cognitive competencies）	問題解決，創造性，批判的思考，分析技術，イノベーション，統合力，システム思考，研究力，先見思考，高次思考スキル，情報収集
社会的資質 （Social competencies）	協働，異文化間スキル，コミュニケーション，チームワーク，紛争解決スキル，リーダーシップ
保健体育 （Physical Competencies and Well-being）	保健，健康習慣，運動感覚，リスク回避行動，健康状態，物理的ツール・オペレーション・器用さのスキル
人間性 （Character qualities）	共感，回復力，気遣い，インクルージョン，好奇心，倫理，勇気，統率力
メタ・コンピテンシー （Meta-competencies）	メタ認知的知識，メタ認知的規制，自己規制／自己統制

（出所）OECD（2015）（筆者による翻訳）。

29-30）。

　OECD（経済協力開発機構）が 2015 年に開催したジャパンセミナーで提唱したこれからの時代に求められるコンピテンシーをもとに考えると，知識（Knowledge）以外にも認知的資質（Cognitive competencies），社会的資質（Social competencies），保健体育（Physical competencies and Well-being），人間性（Character qualities）などが急激に発達する段階を児童期ととらえることができる。OECD によるコンピテンシーの再定義の議論を踏まえ，関係する資質を意識して生徒指導を行うことは学校教育の一貫性の上からも大切である。

　図 1.4 の『生徒指導提要』による生徒指導の意義は小学校でも同様に考えることができる。そのため，これらと OECD ジャパンセミナーによる，これからの時代に求められるコンピテンシーの対応を検討することとする（表1.2）。まず，個人的資質は認知的資質（Cognitive competencies）と対応する。社会的資質は OECD でも社会的資質（Social competencies）である。生徒指導

では，これらの資質に基づいて行動を促す。その結果として，自己指導能力の育成を目指すが，この自己指導能力は自己認識，自己制御，自己言及などを伴うため，人間性（Character qualities）やメタ・コンピテンシー（Meta-competencies）と対応すると考えられる。

このようにみると，OECD の知識や保健体育（Physical Competencies and Well-being）の部分とは直接的な関係をもたないものの，生徒指導は次世代を担う子供たちに必要なコンピテンシーを育成する主要な教育活動となり得る。つまり，次世代の教育においては，教科等による学習指導と生徒指導の垣根は低くなる。

第4節　生徒指導の原理

1. 小学校の生徒指導の原理

ここからは，初等教育と中等教育に区分して生徒指導の原理を説明する。初等教育は小学校，中等教育は中学校と高等学校とする。

原理（Principle）とは，「最初に置かれる石」といった意味のラテン語に由来する言葉である。ここでは，小学校の生徒指導を検討する際に基本とする考え方といった意味で使用する。

公立学校の教師を例とすると，教師の服務義務には職務に専念する義務がある。これは，公立学校の教師が全体の奉仕者であるという考え方に基づいている。この職務の中に，生徒指導も位置づいている。

なお，『生徒指導提要』（文部科学省　2010: 42-50）によると，児童期の特徴としては，知的発達，自覚化の発達，自己概念の発達，自己評価の発達，自己制御の発達，感情制御の発達，性同一性の発達，性役割の発達，道徳性の発達，仲間関係の発達などがみられる。これらの発達に留意しつつ，一方で教職の意義を意識しつつ生徒指導を行う。

大学の教職の意義等の科目中では教師に課せられる義務について説明されている。それは職務上の義務と身分上の義務に区分される（地方公務員法）。

11

職務上の義務は仕事をしていく上での義務であり，「服務の宣言」「職務専念義務」「法令および職務命令の遵守義務」がある（東京学芸大学学校教育教室 2014: 100）。職務上の義務はルールを守り職務に専念するという内容である。

そして，身分上の義務は，「信用失墜行為の禁止」「秘密を守る義務」「政治的行使の制限」「争議行為等の禁止」「営利企業等の従事制限」である。職務上の義務は職務に服する際の義務であるが，身分上の義務は仕事中のみではなく地方公務員という地位に付随する義務である。地域住民からの信用を失わないようにするための内容である。

児童の発達と教師の服務の両面から明らかとなる生徒指導の原理は，次の内容である。それは，児童期のさまざまな発達に留意して教師の服務の範囲内で最大限の効果を発揮できるように生徒指導を行うことである。

自己概念や自己制御などの発達も児童の個人差があるため，それらを適切に把握して児童理解を深めつつ，上司からの職務上の命令に従い，知り得た秘密を守り，教師として信用を失うような行動を慎むという姿勢が肝要である。教師は生まれながらに教師なのではなく，教師という身分を得て教師の職務を遂行しているという自覚を失ってはいけない。

現在，教育課程の一部に生徒指導の機能を重点的に含ませたり，過去の教育方法の研究を生徒指導に応用したりするなど，その関係を強化する時期に来ている。

また，教育方法についても，これまで学習指導の特徴として問題解決学習と系統学習に分けて論じられてきた（樋口ほか 2009: 72-74）。これらは学習指導を対象とした区分であるが，生徒指導に援用すると問題解決的な生徒指導と系統的な生徒指導として十分に活用できる。具体的には，児童が進んで学校生活上の問題をとらえて解決を試みるようにする方法が問題解決的な生徒指導である。それに対して，スキル習得などの体系を作り，筋道に沿って指導する方法が系統的な生徒指導である。

ここでは，例として，特別活動との関連について考えてみよう。小学校の特別活動は学級活動，児童会活動，クラブ活動，学校行事の四つの内容によって構成されている。また，生徒指導についても区分はさまざまであるが，

ここでは学業指導，適応指導，道徳性指導，余暇指導，保健指導に区分する（林ほか 2013: 20-21）。

　学級活動は学級や学校の生活づくりへの参画をねらいの一つとしている。学校や学級での生活には学習集団でもあり生活集団でもある学級成員による学校での生活を充実したものとするための集団での学業指導の場として活用できる。児童会活動は児童が協力して諸問題を解決することを目標とするため，集団への適応指導が実施できる。クラブ活動は異年齢集団による交流を内容とするため，放課後や祝日における異年齢交流のための余暇指導ができる。学校行事は公共の精神を養うことをねらいとするため，道徳性指導ができる。また，とくに健康診断や運動会などの健康安全・体育的行事では保健指導が実施できる（第2章参照）。

2.　中学校・高等学校の生徒指導の原理

　ここでは，12歳以上の生徒に対する生徒指導の原理について，教職の意義との関連，教育実践との関連，特別活動との関連に焦点化して検討を深めたい。

　教師の服務事項との関連について考えてみよう。中学校と高等学校の段階は中等教育（Secondary education）としてまとめることができる。中等教育は幼稚園や小学校による初等教育と，大学などでの高等教育の間の段階である。この段階でも，小学校と同様に職務上の義務と身分上の義務を負う。

　生徒指導上の諸問題の調査では，中学校で暴力行為の件数が多いことが特徴である。その一方で，中学校と高等学校での暴力行為は近年減少傾向にある（図1.6）。職務上の義務との関係では，とくに中学校の教師とって，暴力行為の対応の際にも「法令及び職務命令の遵守義務」を意識して適切な対応をしなければならない。また，身分上の義務の「信用失墜行為の禁止」や「秘密を守る義務」なども意識して，職の信用を傷つけないように対処し，職務上知りえた秘密を漏らさないように配慮していかなければならない。

　小学校と異なり，中学校と高等学校では，生徒指導主事が置かれる。生徒指導主事は教諭等の充当職であり，中学校や高等学校に原則として置かれる職である。職務の内容は，校長の監督を受けて生徒指導に関する連絡調整や

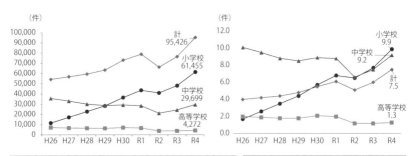

年度	H26	H27	H28	H29	H30	R1	R2	R3	R4
小学校	11,472	17,078	22,841	28,315	36,536	43,614	41,056	48,138	61,455
	1.7	2.6	3.5	4.4	5.7	6.8	6.5	7.7	9.9
中学校	35,683	33,073	30,148	28,702	29,320	28,518	21,293	24,450	29,699
	10.1	9.5	8.8	8.5	8.9	8.8	6.6	7.5	9.2
高等学校	7,091	6,655	6,455	6,308	7,084	6,655	3,852	3,853	4,272
	2.0	1.9	1.8	1.8	2.1	2.0	1.2	1.2	1.3
計	54,246	56,806	59,444	63,325	72,940	78,787	66,201	76,441	95,426
	4.0	4.2	4.4	4.8	5.5	6.1	5.1	6.0	7.5

※ 上段は発生件数。下段は1,000人当たりの発生件数。

● 小・中・高等学校における**暴力行為の発生件数は95,426件**（前年度76,441件）であり，前年度から18,985件（24.8%）増加している。

● 児童生徒1,000人当たりの発生件数は7.5件（前年度6.0件）である。

本調査においては，「当該暴力行為によってけががあるかないかといったことや，けがによる病院の診断書，被害者による警察への被害届の有無などにかかわらず」，暴力行為に該当するものをすべて対象とすることとしている。

図 1.6　暴力行為の状況

（出所）文部科学省初等中等教育局児童生徒課（2022: 8）より作成。

指導，助言を行うことである。この生徒指導主事を中心として生徒指導の構内組織が構成されている。この生徒指導主事が，教務をつかさどる教務主任と連携して学業指導に関与できることが肝要である。中学校を例とすると，生徒指導主事に関する規定は次のようになっている。

学校教育法施行規則

第70条　中学校には，生徒指導主事を置くものとする。

2　前項の規定にかかわらず，第四項に規定する生徒指導主事の担当する校務を整理する主幹教諭を置くときその他特別の事情のあるときは，生徒指導主事を置かないことができる。

3　生徒指導主事は，指導教諭又は教諭をもって，これに充てる。

4　生徒指導主事は，校長の監督を受け，生徒指導に関する事項をつかさどり，当該事項について連絡調整及び指導，助言に当たる。　　（下線は筆者による。）

第 5 節　生徒指導の意義と原理のまとめ

　生徒指導の意義と原理についてまとめると次の 4 点を指摘することができる。

　第 1 番目に，生徒指導は学校での教師から生徒への指導として，学習指導，進路指導とともに重要なものである。具体的には，生徒指導は，集団指導や個別指導などの形態を通して，児童生徒に学校での生活の安定をもたらしている。

　第 2 番目に，生徒指導は初等教育と中等教育の各段階での特性をふまえて実施されていることである。中等教育では省令により原則として生徒指導主事が必置主任である。しかし，小学校においても，生徒指導は必要な教育活動である。

　第 3 番目に，生徒指導は OECD の 21 世紀コンピテンシーと関連するものである。具体的には，認知的資質，社会的資質，メタ・コンピテンシーなどは学習指導の枠を超えて学校教育全般で育成されるものである。そこには，生徒指導の機能の充実は欠かせない。

　第 4 番目に，生徒指導は社会的資質や行動力を高めるものであるため，特別活動とも関連する教育活動である。具体的には，学級活動，ホームルーム活動，児童会活動，生徒会活動，クラブ活動，学校行事のそれぞれで，目標達成のための学習指導と教育環境維持のための生徒指導が同時並行で行われている。

〔林　尚示〕

● **考えてみよう！**

- ▶ 学校で全く生徒指導をしなかったら学校はどのようになるだろうか。教師の立場，児童生徒の立場，保護者の立場，地域住民の立場のそれぞれから考えてみよう。そして，それぞれの立場から考えた内容を表形式で整理してみよう。
- ▶ 教師が生徒指導の力を高めるためにはどのようにしたらよいだろうか。教師の立場，校長の立場，都道府県や市町村の教育行政担当者の立場からそれぞれ考えてみよう。そして，それぞれの立場から考えた内容を表形式で整理してみよう。
- ▶ 生徒指導を合理的・効率的に行うためにはどのような工夫ができるだろうか。学級担任の教師の立場，生徒指導部の教師の立場，部活動顧問の教師の立場，校長の立場，都道府県や市町村の教育行政担当者の立場からそれぞれ考えてみよう。そして，それぞれの立場から考えた内容を表形式で整理してみよう。

● **引用・参考文献**

新井郁男・住田正樹・岡崎友典編（2006）『放送大学教材　新訂　生徒指導』放送大学教育振興会

有村久春編（2007）『教職研修総合特集（読本シリーズ No.178）　新編　生徒指導読本』教育開発研究所

折出健二編（2014）『教師教育テキストシリーズ 13　生活指導 改訂版―生き方についての生徒指導・進路指導とともに』学文社

木原孝博（1996）『現代生徒指導の理論』明治図書

坂本昇一（1980）「わが国における生徒指導の歴史」飯田芳郎・沢田慶輔・鈴木清・樋口幸吉・堀久編『新生徒指導事典』第一法規，pp.15-20

坂本昇一（1994）「序生徒指導の今日的意義と課題―人格形成への道」渡部邦雄・尾木和英・嶋崎政男編『〈実践生徒指導 1〉生徒指導の理論』ぎょうせい，pp.2-6

髙野清純編（1994）『放送大学教材生徒指導』放送大学教育振興会

東京学芸大学学校教育教室（2014）『教職入門のための教育学』協同出版

早坂淳（2011）「日本の教育史における生徒指導と生活指導」長野大学附属地域共生福祉研究所『長野大学地域共生福祉論集』第 5 号，pp.11-3

林尚示（2014）『学校の「いじめ」への対応とその予防方法―「生徒指導」と「特別活動」の視点から』培風館

林尚示編（2014）『新・教職課程シリーズ　生徒指導・進路指導』一藝社

林尚示編（2012）『教職シリーズ 5　特別活動』培風館

林尚示・服部伴文・村木晃（2013）『ワークシートで学ぶ生徒指導・進路指導の理論と方法』春風社

樋口直宏・林尚示・牛尾直行編（［2002］2009）『実践に活かす教育課程論・教育方法論 改訂初版』学事出版

文部科学省（2008）『小学校学習指導要領（平成 20 年 3 月告示）』

文部科学省（2010）『生徒指導提要』

文部科学省（2017a）『小学校学習指導要領（平成 29 年告示）』

文部科学省（2017b）『中学校学習指導要領（平成 29 年告示）』

文部科学省（2017c）『特別支援学校小学部・中学部学習指導要領（平成 29 年告示）』

文部科学省（2018）『高等学校学習指導要領（平成 30 年告示）』

文部科学省（2022）『生徒指導提要』

文部科学省（2023）「令和 4 年度児童生徒の問題行動・不登校等生徒指導上の諸課題に関する調査結果の概要」https://www.mext.go.jp/content/20231004-mxt_jidou01-100002753_2.pdf（2024 年 2 月 20 日閲覧）

文部省（1965）『生徒指導の手引き』

Andreas Schleicher, 2015, "18TH OECD/JAPAN SEMINAR EDUCATION 2030" http://www.mext.go.jp/component/a_menu/other/detail/__icsFiles/afieldfile/2016/01/05/1365688_2.pdf（2016 年 7 月 11 日閲覧）

個別指導・集団指導の方法原理

　12年ぶりに改訂された『生徒指導提要』(2022)には個別指導と集団指導について，「集団に支えられて個が育ち，個の成長が集団を発展させるという相互作用により，児童生徒の力を最大限に伸ばし，児童生徒が社会で自立するために必要な力を身に付けることができるようにするという指導原理に基づいて行われます。」と述べられている。つまり，両者は，それぞれの良さをいかせるように結合される必要があるのだ。

　現在，多様な背景をもつ児童生徒への生徒指導が学校現場で求められている。たとえば，発達障害(自閉症や注意欠陥多動性障害等)や精神疾患(うつ病や統合失調症等)を抱える児童生徒，経済的困難を抱える児童生徒(子どもの貧困)，社会的養護の対象である児童生徒や外国人児童生徒等が存在する。それらの生徒が一つの空間に入り混じっているのが学校である。

　集団指導を通して，社会の一員としての自覚と責任の育成のほか，集団の中で他者を尊重するといった協調性の育成，そして自分の役割を通じて集団の目標達成に貢献する態度を育成できることは確かである。しかし，その集団の一員に入ることが難しい子どもたちがいる。

　たとえば発達障害を例に出すならば，発達障害の理解なしに，指導や評価をすることは難しい。集団の場面で，みんなができていることができない，協力をする場面でうまくできない等，それらの行動が発達障害による能力的な偏りだと気付かなければ，その児童生徒の努力ややる気の問題だと誤ってとらえてしまうことがある。かといって，発達障害であるとラベルを貼り，過度な個別指導や支援をすることは，プライドや自尊感情を傷つけてしまうことにも繋がる。

　このように複雑化・多様化する諸課題に，学級担任一人で抱え込むことは，教師の疲弊に繋がってしまう。「チーム支援」という言葉があるように，生徒指導主事や養護教諭，スクールカウンセラー(SC)，スクールソーシャルワーカー(SSW)等で構成されるチームを編成して，継続的な指導・援助を行うことが求められる。

　また，児童理解の面でいうならば，向山(1987)は，「児童理解は，児童を理解しようという意欲があればできるわけではなく，習得に時間を要する高度な技術である」と説明している。さまざまな背景をもつ児童生徒に触れることで，集団指導・個別指導ともに指導方法の幅も広がっていく。一人ひとりの気持ちに寄り添うことを忘れずに，長い目でみてほしい。

［小川眞理絵］

＊向山洋一(1987)『子どもを動かす法則』明治図書

第2章

教育課程と生徒指導

● **本章のねらい** ●

　本章ではまず，学習指導要領に着目して生徒指導の取扱いの歴史を検討する。次に教育課程内外の教育活動における生徒指導の具体例を考察する。さらにアクティブ・ラーニング型の生徒指導授業（ガイダンス授業）の実践例を提案する。

第1節　教育課程の編成原理と学習指導要領

1. 教育課程の基礎基本

　教育課程や教科（学科）課程とはカリキュラム（curriculum）の訳語である。語源はラテン語の vitae curriculum（人生の競争路）や currere（走路）などの諸説がある。学生がそれに沿って学び，完了しなければならない学習の内容と過程（course of study）を意味している。

　学習内容はスコープ（scope）とシークエンス（sequence）という二つの指標から整理・構造化される。スコープとは児童生徒に教える学習内容のまとまりのことで，領域や範囲と訳される。たとえば，日本の小学1年生は国語，算数，生活，音楽，図画工作，体育，道徳，特別活動の8領域を学んでいる。

　シークエンスとは学習内容をどの順番で教えることがよいかを決める指標

で，系列や配列（排列）と訳される。たとえば算数・数学の場合，まず，1,2,3,…の自然数，次に1/3などの分数（正の有理数），さらに−1，−2，…の負の数，そして円周率πなどの無理数，…という順番で数の演算を学習する。

国家レベルの教育課程（national curriculum）とは日本の場合，文部科学省の作成した学習指導要領がこれにあたる。そこには小学校から高等学校までの12年間の学習内容が規定されている。大学などの高等教育機関では独自に作成し，文部科学省に届け出た教育課程を公表している。

全国の小中・高等学校では各学校の教育課程を，所管する教育委員会へ前年度末までに届け出る。この教育課程（届）は10頁程度の書類である。教育課程の編成権は各学校（校長）にある。

教育課程（届）には学校の教育方針や重点事項，年間行事計画及び全教科・領域の指導内容が学年別に記載されている。さらに学校では全教科・領域の年間指導計画（大学のシラバスに相当する）を月単位などで作成する。小学校では週指導計画（週案ともいう）によって授業が1授業単位で記録されている。

2.　学習指導要領における生徒指導機能の変遷

各学校が編成する教育課程（届）の中に，近年になって生徒指導や進路指導の方針・指導内容から課外活動などの指導方法や達成目標までが記載されるようになった。その根拠となるのが学習指導要領〈総則〉に記述された生徒指導に関する内容である。**表2.1**はその変遷の前半期をまとめたものである。

昭和43（1968）年に改訂された中学校学習指導要領〈総則〉に初めて生徒指導という文言が記載された。昭和39（1964）年は戦後少年非行の第二のピークにあたり，10代後半が加害者となる殺傷事件等が増加した時代である。1970年代には高校紛争が激化し，当時の文部省が中高の学習指導要領の中で生徒指導，とくに好ましい人間関係の構築を謳ったのは時代の要請であった。

昭和43（1968）年改訂の小中高学習指導要領の特徴は，「教育内容の現代化」という学習内容の高度化であった。結果として授業に付いていけない児童生徒が増加し，いわゆる，「落ちこぼれ」と呼ばれる子どもの非行化が指

表 2.1　学習指導要領〈総則〉での生徒指導記述の系譜（前半）

年	小学校	中学校	高等学校
1968〜70		教師と生徒および生徒相互の好ましい人間関係を育て，生徒指導の充実を図る	
1977〜79		教師と生徒及び生徒相互の好ましい人間関係を育て，生徒指導の充実を図る	
1989	教師と児童及び児童相互の好ましい人間関係を育てるとともに児童理解を深め，**生徒指導の充実を図る**	教師と生徒及び生徒相互の好ましい人間関係を育て，生徒が自主的に判断，行動し積極的に自己を生かしていくことができるよう，**生徒指導の充実を図る** 生徒が自らの生き方を考え主体的に進路を選択することができるよう，学校の教育活動全体を通し，計画的，組織的な**進路指導を行う**	教師と生徒及び生徒相互の好ましい人間関係を育て，生徒が主体的に判断，行動し積極的に自己を生かしていくことができるよう，**生徒指導の充実を図る** 生徒が自らの在り方生き方を考え，主体的に進路を選択することができるよう，学校の教育活動全体を通じ，計画的，組織的な**進路指導を行う**

(注)　□□□の囲みは中高の違い。

摘される。それを踏まえて昭和 52（1977）年の学習指導要領改訂から，「ゆとり教育」がスタートしたわけである。

　1980 年代は全国の中学校で校内暴力が頻発した。小学生による年少者への暴力も増え，中高生による家庭内暴力も増加した。その結果，昭和 58（1983）年は戦後少年非行の第三のピークとなっている。一方，平成元（1989）年に改訂された学習指導要領では，新しい学力観や自己教育力が提言されている。生徒一人ひとりの個性に応じた，ゆとりのある進路指導が中学・高校に期待されるようになったのである。

　平成 10〜11（1998〜1999）年の学習指導要領改訂以降は，**表 2.2** の通り，生徒指導に関する記述がさらに厚くなった。小学校の学級経営の充実の背景には，主として小学校高学年で起こった学級崩壊的現象が考えられよう。

　中学・高校では生徒指導とは別に，ガイダンス機能という文言が追加されている。たとえば生徒指導の基礎基本に生徒理解がある。深く生徒を理解する方法として積極的傾聴がある。これらはカウンセリングの技法でもある。このような生徒指導・教育相談の専門家であるスクールカウンセラーの全国

表 2.2　学習指導要領〈総則〉での生徒指導記述の系譜（後半）

年	小学校	中学校	高等学校
1998〜99	日ごろから学級経営の充実を図り，教師と児童の信頼関係及び児童相互の好ましい人間関係を育てるとともに児童理解を深め，生徒指導の充実を図る	教師と生徒の信頼関係及び生徒相互の好ましい人間関係を育てるとともに生徒理解を深め，生徒が自主的に判断，行動し積極的に自己を生かしていくことができるよう，生徒指導の充実を図る 生徒が自らの生き方を考え主体的に進路を選択することができるよう，学校の教育活動全体を通じ，計画的，組織的な進路指導を行う 生徒が学校や学級での生活によりよく適応するとともに，現在及び将来の生き方を考え行動する態度や能力を育成することができるよう，学校の教育活動全体を通じ，ガイダンスの機能の充実を図る	学校の教育活動全体を通じて，個々の生徒の特性等の的確な把握に努め，その伸長を図ること。また，生徒が適切な各教科・科目や類型を選択し学校やホームルームでの生活によりよく適応するとともに，現在及び将来の生き方を考え行動する態度や能力を育成することができるよう，ガイダンスの機能の充実を図る 教師と生徒の信頼関係及び生徒相互の好ましい人間関係を育てるとともに生徒理解を深め，生徒が主体的に判断，行動し積極的に自己を生かしていくことができるよう，生徒指導の充実を図る 生徒が自己の在り方生き方を考え，主体的に進路を選択することができるよう，学校の教育活動全体を通じ，計画的，組織的な進路指導を行う
2008〜09	日ごろから学級経営の充実を図り，教師と児童の信頼関係及び児童相互の好ましい人間関係を育てるとともに児童理解を深め，生徒指導の充実を図る	教師と生徒の信頼関係及び生徒相互の好ましい人間関係を育てるとともに生徒理解を深め，生徒が自主的に判断，行動し積極的に自己を生かしていくことができるよう，生徒指導の充実を図る 生徒が自らの生き方を考え主体的に進路を選択することができるよう，学校の教育活動全体を通じ，計画的，組織的な進路指導を行う 生徒が学校や学級での生活によりよく適応するとともに，現在及び将来の生き方を考え行動する態度や能力を育成することができるよう，学校の教育活動全体を通じ，ガイダンスの機能の充実を図る	学校の教育活動全体を通じて，個々の生徒の特性等の的確な把握に努め，その伸長を図ること。また，生徒が適切な各教科・科目や類型を選択し学校やホームルームでの生活によりよく適応するとともに，現在及び将来の生き方を考え行動する態度や能力を育成することができるよう，ガイダンスの機能の充実を図る 教師と生徒の信頼関係及び生徒相互の好ましい人間関係を育てるとともに生徒理解を深め，生徒が主体的に判断，行動し積極的に自己を生かしていくことができるよう，生徒指導の充実を図る 生徒が自己の在り方生き方を考え，主体的に進路を選択することができるよう，学校の教育活動全体を通じ，計画的，組織的な進路指導を行い，キャリア教育を推進する

(注)　＿＿＿は前回指導要領との違い，□の囲みは中高の違い。

141 校への派遣開始が，平成 7（1995）年であった。

　カウンセリングはスクールカウンセラーの専門スキルである。一方，ガイダンス機能とは，相対的に教員へ求められる指導内容と判断できよう。**表2.2** の記述からガイダンス機能の内実は，一つが学校や学級など所属集団への適応である。もう一つは，自己の生き方を選択・決定する能力の育成といえる。

　さらに平成 20〜21（2008〜2009）年の学習指導要領改訂は**表 2.2** の通り，下線部分が僅かで，前回の指導要領とほぼ同様の記述内容である。したがってガイダンス機能の充実が生徒指導の中心課題となる。ただし高等学校では進路指導とは別に，キャリア教育の推進が付記された。この背景には 60〜70 万人に上るとも言われる，ニートや引きこもりの若者の存在が考えられる。

3.　現行学習指導要領における生徒指導機能の取扱い

　現行の学習指導要領（2017〜18 年告示）における生徒指導の記述は**表 2.3** の通り，大幅に変化したと言えよう。まず，「児童（生徒）の発達の支援」という新たな款（項目）が設けられ，小中高でほぼ同一の記述内容となった。

　具体的事項として，学級（ホームルーム）経営の充実が小中高の共通事項となった。また，これまでスクールカウンセラーの専門スキルと考えられてきたカウンセリングが，個別的な生徒指導方法に位置付けられ，学校の教師が身に付けるべき資質・能力に含まれたことは特筆すべきことである。

　一方で生徒指導は，学習指導と関連付けながら行うことが示された。たとえば「いじめの未然防止というと，…中略…重要なことは，『規律・学力・自己有用感』を高めるような授業改善・行事改善に学校全体で取り組むことであり」（滝 2015: 137）と指摘される通り，教育課程と生徒指導が密接な関係にあることも確認されている。さらに小・中学校においてキャリア教育を充実させることが示された。これにより小中高で一貫性のある進路指導が特別活動，具体的には学級（ホームルーム）活動を中心に行われることとなる。

　現行の学習指導要領では「特別な配慮を必要とする児童（生徒）への指導」の項目が設けられた。具体的には不登校児童（生徒）への配慮事項が示され

表2.3　平成29・30年学習指導要領〈総則〉での生徒指導記述

小学校	中学校	高等学校
第4　児童 生徒 の発達の支援		

　学習や生活の基盤として，教師と児童 生徒 との信頼関係及び児童 生徒 相互のよりよい人間関係を育てるため，日頃から学級 ホームルーム 経営の充実を図ること。主に集団の場面で必要な指導や援助を行うガイダンスと，個々の児童 生徒 の多様な実態を踏まえ，一人一人が抱える課題に個別に対応した指導を行うカウンセリングの双方により，児童 生徒 の発達を支援すること。

　 小学校の低学年，中学年，高学年の学年の時期の特長を生かした指導の工夫を行うこと。

　児童 生徒 が，自己の存在感を実感しながら，よりよい人間関係を形成し，有意義で充実した学校生活を送る中で，現在及び将来における自己実現を図っていくことができるよう，児童 生徒 理解を深め，学習活動と関連付けながら，生徒指導の充実を図ること。

　児童 生徒 が，学ぶことと自己の将来とのつながりを見通しながら，社会的・職業的自立に向けて必要な基盤となる資質・能力を身に付けていくことができるよう，特別活動を要としつつ各教科・ 科目 等の特質に応じて，キャリア教育の充実を図ること。

　 その中で，生徒が自らの（在り方）生き方を考え主体的に進路を選択できるよう，学校の教育活動全体を通じ，組織的かつ計画的な進路指導を行うこと。

不登校児童 生徒 への配慮

　不登校児童 生徒 については，保護者や関係機関と連携を図り，心理や福祉の専門家の助言又は援助を得ながら，社会的自立を目指す観点から，個々の児童 生徒 の実態に応じた情報の提供その他必要な支援を行うものとする。

（注）　[　]の囲みは小中高の違い。

ており，関係機関や専門家等とのチーム支援が期待されている。

　このように新しい生徒指導は，教育課程や学校経営まで広く射程に入れながら包括的で組織的な教育活動の一環としてとらえられているといえる。次項では学習指導要領〈総則〉に記載されるようになった生徒指導の充実が，教育課程の中でどのように具体化されていくのか，仔細に検討していくこととする。

第 2 節　教育課程と生徒指導との関連

1．学習指導要領における領域編成の歴史

　日本の教育課程（カリキュラムはやや広い概念である）の背景には教育理念がある。子ども中心「初めに子どもありき」の教育理念に立ち，子どもの日常生活を重視する教育課程は，経験カリキュラムと呼ばれる。一方，物事の本質を追求することを教育理念におくと，教科・科目の系統性や専門性を重視する教育課程となり，これは学問中心カリキュラムとなる。

　日本の学習指導要領は学問中心カリキュラムを基盤としており，小中高とも各教科の学習内容が詳しく記述されている。ただし戦後の教育課程の構造は，各教科以外の教育活動とのバランスで編成されてきた経緯がある。

　表 2.4 は戦後初めて学習指導要領が公表（当初は試案，昭和 33 年から告示）されて以来，ほぼ 10 年おきに改訂されてきた学習指導要領の領域編成をま

表 2.4　学習指導要領における領域編成の歴史

公表年	小学校					中学校				高等学校		
1947	教科				自由研究	教科			自由研究	教科		
1952	各教科	教科以外の活動				各教科	特別教育活動			各教科	特別教育活動	
1958〜60	各教科	道徳	特別教育活動	学校行事等		各教科	道徳	特別教育活動	学校行事等	各教科	特別教育活動	学校行事等
1968〜70	各教科	道徳	特別活動			各教科	道徳	特別活動		各教科	各教科以外の教育活動	
1977〜78	各教科	道徳	特別活動			各教科	道徳	特別活動		各教科	特別活動	
1989	各教科	道徳	特別活動			各教科	道徳	特別活動		各教科	特別活動	
1998〜99	各教科	道徳	総合	特別活動		各教科	道徳	総合	特別活動	各教科	総合	特別活動
2008〜09	各教科	道徳	外国語活動	総合	特別活動	各教科	道徳	総合	特別活動	各教科	総合	特別活動
2017〜18	各教科	道徳科	外国語活動	総合	特別活動	各教科	道徳科	総合	特別活動	各教科	探究	特別活動

（注）総合…総合的な学習の時間の略，探究…総合的な探究の時間の略。

とめたものである。網掛けの部分が各教科以外の教育活動である。なお，本項では小学校の外国語活動を教科「英語」の準備活動として位置づけた。

　学習指導要領は小中高とも原則的に各教科とそれ以外の教育活動の二領域で構成されている。まず，小中は昭和 33（1958）年に道徳の時間が設定された。昭和 52（1977）年に小中高で文言が統一された特別活動は，学級・ホームルーム活動，児童会・生徒会活動，クラブ活動及び学校行事の 4 内容で構成されている。また，小中高に平成 10（1998）年に「総合的な学習の時間」が新設された。戦後半世紀が過ぎて，各教科以外の教育活動は細分化されてきたが，現在でも学習指導要領は各教科と教科外教育の二領域から編成されるといってよい。

　このような学習指導要領の領域編成の歴史の中で，文部科学省が示した生徒指導の扱いは，「教育機能としての生徒指導は，教育課程の特定の領域における指導ではなく，教育課程の全領域において行わなければならない」，さらに「あくまでも学校の教育活動全体を通じて生徒指導の機能が発揮できるようにすることが大切」（下線は筆者，文部科学省 2017b: 99）となっている。

　すなわち，各教科と教科外教育とを区別せずに生徒指導を行うこと，さらに教育課程の内外を問わずに生徒指導を充実させることを求めているといえる。たとえば中学校学習指導要領〈総則〉の解説書では，「スポーツや文化及び科学等に親しませ，学習意欲の向上や責任感，連帯感の涵養，互いに協力し合って友情を深めるといった好ましい人間関係の形成等に資するものである」（文部科学省 2017b: 127）など，教育課程外の部活動における積極的な生徒指導の在り方を高く評価・推奨しているのである。

　したがって本節では，学校の教育課程を含めて学校の教育活動全体を通した生徒指導を中心に論考を進めることとする。

2. 各教育活動と生徒指導機能との関係

　文部科学省は教育課程の全領域，および学校の教育活動全体で生徒指導機能を発揮することを求めている。さらに休日の家庭での反社会的行動（家庭内暴力や深夜徘徊等）や非社会的行動（自傷行為や引きこもり等）など，学校管

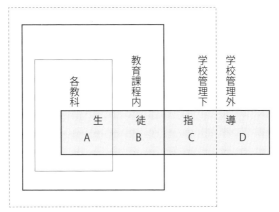

A：各教科における生徒指導（小学校の外国語活動を加える）
B：教科外教育における生徒指導（道徳，総合的な学習（探究）の時間，特別活動）
C：課外活動における生徒指導（部活動，ボランティア活動，任意参加の行事等）
D：たとえば校外での万引き，家出や家庭内暴力など

図2.1　教育課程と生徒指導との関係

理外における生徒の問題行動へも学校（教師）側が対応している実態がある。

したがって学校の教育課程や諸活動と生徒指導との関係は，**図2.1**のような包含関係で表現することができる。本項では網掛けの部分の各領域A〜Dについて，生徒指導の機能発揮の在り方を検討，整理していくこととする。

3. 各教育活動における生徒指導
(1) A：各教科における生徒指導

「わかる・できる・楽しい授業」は生徒指導が充実するための基盤である。小学校の学級担任は授業を通してすべての児童をよく観察し，その様子から一人ひとりの児童の課題を理解・把握する。一方，中高では，学級・ホームルーム担任と教科担任との情報交換を密にすることが大切である。

近年ではグループ学習などアクティブ・ラーニング型の授業を取り入れることで，生徒の主体的・能動的な学習を引き出すことが期待されている。また，「聞く・話す，読む・書く」などの言語活動の充実が，生徒指導機能の

発揮につながるという文部科学省の指摘もある。さらに家庭での自学自習の状況や成果を，教科担任が授業中に点検・評価することも手立ての一つである。

(2) B：教科外教育における生徒指導

① 道徳教育と生徒指導

　道徳教育と生徒指導とは極めて密接な関係にある。生徒指導機能を自己指導能力の育成ととらえると，それは主としてブレーキ機能を意味している。一方，向社会的行動など道徳的実践力の発揮は，主としてアクセル機能の成果である。このように生徒指導は道徳教育と相乗的に児童生徒の成長に働きかけている。

　小・中学校では毎週1単位時間，道徳の時間が実施されている。この時間を高校教育まで拡大する動き（平成19年度より茨城県立高校，平成25年度より千葉県立高校，平成28年度より都立高校など）がある。これまで道徳の時間の理論的部分は高校公民科（現代社会→公共，倫理）に，実践的部分は特別活動や課外活動（部活動やボランティア活動など）に引き継がれてきた。近年は高校進学率が100％に近い状況が維持されていることに伴って，高校生のモラルや規範意識および学習意欲の低下が指摘され，高校段階での道徳の時間の設置が進められたわけである。小・中学校での道徳の時間の授業方法を，そのまま踏襲することは難しい。高校生に相応しい道徳の授業方法の開発が期待されている。

② 総合的な学習 (探究) の時間と生徒指導

　新しい学習指導要領（2017〜18年告示）から，高校だけが「総合的な探究の時間」に改称された。したがって本章では総合的な学習（探究）の時間と表記することとする。まず，人間としての在り方生き方に関する教育（以下，在り方生き方教育とする）とは，高校での道徳教育を包括する概念である。ここでは，「自己の在り方生き方」を考察する学習を行うことが求められている。これは在り方生き方教育よりキャリア教育に近接した概念である。キャリア教育が単なる進学・就職指導から，人生という長期スパンで考える在り方生き方教育の指導にシフトした結果，生徒指導との関連性がより高くなったと

いえる。

　総合的な学習（探究）の時間の特徴は，科目横断的で課題探求的な学習である。生徒指導との関連性を考慮すると，とくに協同的学習が注目される。これは討論や質疑応答，共同作業等を通して「他者から学ぶ」ことである。このような協同的学習が促進・深化される過程では，生徒同士の共感性が高まり，相互に尊敬できる関係が醸成されていくと考えられる。

③ 特別活動と生徒指導

　教育課程内の教育活動の中で，最も生徒指導と関連性の高い領域が特別活動である。特別活動の目標に掲げられた，集団活動を通して望ましい人間関係を構築すること，在り方生き方教育を具体的に実践する場であること，話合い活動や共同作業を通して所属集団を運営し活性化させることなどが，教師が行う生徒指導の目的を達成するための方法や場面となっている。

　特別活動は以下の4内容，①学級活動（高校はホームルーム活動），②児童会活動（中高は生徒会活動），③クラブ活動（小学校のみ），④学校行事から構成されている。とくに小学校段階では，学級経営と学級活動（朝の会，帰りの会，当番活動を含む）は常に連動している。学級担任の行う生徒指導は児童の健全な生活態度や学習への姿勢づくりを意図したものである。

　児童会・生徒会活動やクラブ活動の特長の一つは，異年齢集団による活動という点である。学校行事では学年全体や全校規模の活動に関わることとなる。集団の一員として分担された役割や責任を果たしながら社会性や連帯感さらに民主的な社会の形成者としての資質・能力を身につけることが可能である。

(3) C：課外活動と生徒指導

　現在も全国の多くの中高生が放課後等の部活動に参加している。とくに運動部への人気と加入率は高く，休祭日まで出勤・指導している教員も多い（平成28年度全国中学生運動部加入率65.2％，スポーツ庁資料）。

　文部科学省は平成20年改訂の学習指導要領で初めて，部活動の教育的意義を総則の中に明示した。芸術・科学・スポーツ等の知識やスキル・体力だ

けでなくリーダーシップやチームワーク，自律性・持続力・我慢強さなども身につくという点で，生徒指導の目標である自己指導能力の育成と通底している。

近年はボランティア活動に参加する生徒も増加傾向にある。各学校が授業や学校行事等で推進してきたボランティア学習の成果ともいえるが，向社会的行動や援助行動を促進し，その基盤にある愛他精神を培うことは道徳的実践力を発揮することにほかならない。これらは次節で検討する発達支持的生徒指導の範疇となる。

(4) D：学校管理外における生徒指導

一般に学校の管理下とは，各学校の教育計画に則った教育活動，たとえば授業や学校行事などをさす。休日の部活動や集団宿泊的行事での就寝時間以降も，学校管理下である。平常では登校時間中から下校時間中までが範囲となる。

生徒指導が家庭教育や地域教育との連携の中で行われるという観点からは，学校管理外の時間であっても生徒指導の対象となる場合が多い。たとえば休日に地域のスーパーマーケットで生徒が万引きしたという状況を当該学校（教師）が把握したとき，その事実を見逃すことはできない。

それ以外に深夜徘徊・外泊・家出，飲酒喫煙や家庭内暴力など学校管理外での行動でも，児童生徒の年齢段階に応じて保護者や関係機関（警察や児童相談所等）と連携した生徒指導を行うことが学校の責務といえる（民法714条参照）。

第3節　生徒指導の教育課程化（授業化）

1. 発達支持的生徒指導

生徒指導をテーマとした授業の実施は，学級活動（高校はホームルーム活動）の一部の時間に行われている。現状では**図2.2**のように，困難課題対応的な

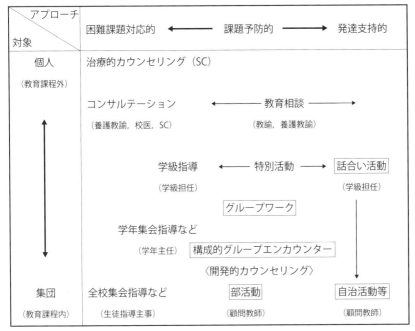

図 2.2　生徒指導の対象とアプローチとの関係

生徒指導と発達支持的な生徒指導とを両端に，その強弱の程度や力点の位置によって対象やアプローチ方法が異なってくる。

　生徒指導の対象は個人からグループ・集団まであり，放課後の個人面談から授業時間を用いた全校規模の集会指導までがある。本項では生徒指導を教育課程の中に位置づけること，すなわち，生徒指導の授業化を試みる。これは問題行動や課題を抱える生徒へ対応・サポートする困難課題対応的アプローチと次の点で異なっている。表面上は適応している一般生徒を対象として課題予防的に，さらに社会性の発達までを目指すという発達支持アプローチである。

2. 生徒指導の授業実践事例

　生徒指導の授業を行うためのテキストはすでに開発されている。たとえば

佐賀県嬉野市教育委員会が平成 24 年 3 月に作成した『「生きる力」の教科書』である。平成 27 年 3 月発行の改訂版では，小学 6 年生児童から中学 3 年生までを対象に A-1 (万引き・刃物所持) 〜 C-10 (エイズ) の三領域計 31 時間分のテーマと教材が掲載されている。本項ではこのテキストを用いた生徒指導の授業 (以下，ガイダンス授業とする) の実践事例を紹介する。

(1) ガイダンス授業の目的

　筆者が想定しているガイダンス授業は，中学 3 年生から大学 1 年生までを対象としている。紹介するガイダンス授業事例は，高校生を対象とした在り方生き方教育を，中学 3 年生の道徳と学級活動の授業時間内で先駆的に実施したものである。とくに健全な批判力が示す意味とそれを行使する方法を理解することで，中学校生活における適切な判断力や行動選択力の発揮・育成を促進する。その延長線上であるミドルからハイまでのティーンエイジャーの協同性深化を最終的な目的としている。

　なお，在り方生き方教育とは高等学校学習指導要領において，「自己の判断力や価値観を養い，主体的に物事を選択決定し，責任のある行動をする」(文部科学省 2009: 9) と定義されている。この授業事例では筆者が開発した高め合いのグループワークを用いる。高め合いのグループワークは，紙上討論とも呼称される。グループのメンバー間で相互に批判的検討を行った後，最終的な自己決定を迫る。在り方生き方教育を机上で具現化できる手法である。

(2) ガイダンス授業の方法

① 対象学級：中学 3 年生 40 名 (男子 20 名，女子 20 名)

② 教育課程上の位置付け：道徳＋学級活動 2 単位時間 90 分

　中学 3 学生の発達段階を踏まえながら，道徳的価値「A［自主，自立，自由と責任］，B［友情，信頼］，C［遵法精神，公徳心］」(文部科学省 2017a: 154-155) についての自覚を促す。また，学級活動の指導内容 (2) において，「ア　自他の個性の理解と尊重，よりよい人間関係の形成／ウ　思春期の不

安や悩みの解決／エ　心身ともに健康で安全な生活態度や習慣の形成」(文部科学省 2017a: 163) を目指すものとする。

③ 使用する教材

(ア) ガイダンス授業シート

　ガイダンス授業事例のテーマは「盗品の件を話すか, 万引きした先輩と会い続けるか」で, 詳細は**表 2.5** の通りである。

表 2.5　ガイダンス授業シート

テーマ「盗品の件を話すか, 万引きした先輩と会い続けるか」
中学 2 年の A 君が, 休日にスーパーの休憩所で同じ校区の先輩 B 君と会った。B 君は高校 1 年である。やや不良ぽい印象に変わっていたが, 久しぶりなので長話をした。B 君は一緒に食べようぜと持っていた菓子をくれた。尋ねると仲間からもらったものだと言う。A 君は一つもらって食べた…まもなくスーパーと警察の人が来て, B 君を店の奥へと連れて行った。 　その翌日, 学校へ行くと担任の先生から注意があった。昨日スーパーで集団万引きがあり, 中学生と高校生が数人捕まったという。B 君とその仲間らしい。もらった菓子は盗品かもしれない。さて, A 君は悩み始めた。
1. 個人検討：あなたが A 君だったとして, あなたの考えを右の平面上に○印で示し, その理由をていねいに書いて下さい。〈その理由〉　　　信頼できる｜誰かに話す　　B 君とは／今まで通り　付き合わない／付き合う　　誰にも｜話さない
2. 相互検討：上の判断・理由に建設的な批判意見を記述して下さい。(1)　　　(2)　　　(3)　　　(4)
3. 追加検討：上記 (1) ～ (4) への補足説明, 逆質問など
4. 最終結論：あなたが A 君だったとして, あなたの最終的な考えを右の平面上に○印で示し, その理由をまとめて下さい。〈その理由〉　　信頼できる｜誰かに話す　　B 君とは／今まで通り　付き合わない／付き合う　　誰にも｜話さない

（イ）副資料

　ガイダンス授業シートに示したテーマを検討するための補助的資料として，副資料「万引きしないために知っておきたい5つのポイント」（渡部・倉本監修 2012: 2）を配付する。

（ウ）高め合いのグループワークの主な特長

　　○健全な批判力，あるいは建設的な批判や道徳的判断力などの資質・能力を養成する。

　　○設定課題（テーマ）に対して，まず，当初意見を定める。次に紙上討論と意見交換を行い，新たな発見を通して自己洞察し，再度自己決定をする。また，生徒同士による相互評価を取り入れる（発見ラインの記入）。

　　○新たな視点から的を射た次元の高い相互批判を試みる。

（エ）用語の解説

　　○健全な批判力（建設的な批判）

　学校教育法第6章第51条に高等学校の教育目標の一つとして，「3.　個性の確立に努めるとともに，社会について，広く深い理解と健全な批判力を養い，社会の発展に寄与する態度を養うこと」が法定されている。

　ガイダンス授業では健全な批判力を「偏りや思い込みがなく，視野の広い指摘・提案等」とする。また，建設的な批判とは「観点や柱立てを明確化し，問題点を前向きにとらえさせるなど，議論を積み上げ補強する指摘・提案等」と規定する。

　グループへの具体的な提示方法は，**表2.6**の展開段階の指導上の留意点における下線部分①の通り，中学3年生用に表現を容易にしたものである。

　　○紙上討論

　高め合いのグループワークで用いているメンバーによる相互検討方法の一つであり，以下のような特長をもっている。

　　　・書き言葉を重視する

　　　・個人検討→相互検討→個人検討のプロセスを重視する

　　　・1対1による全員との意見交換が可能である

　　　・最終決定は自分（在り方生き方教育のトレーニング）

表 2.6　ガイダンス授業の学習過程

	学習活動・内容	指導上の留意点
導入	①自己紹介と実験授業の趣旨説明 ②グルーピング＆アイスブレーキング 　「仲間を捜せ」	・指示されたとき以外は無言で作業を行う ・きちんとルールを守って行う
展開	①個人検討 　ガイダンス授業シートへ当初意見を記入する ②相互検討 　時計回りにガイダンス授業シートを回覧して，批判的検討を記入する 　健全な批判力に関する概念規定を説明する 　副資料を配付し客観的情報を提供する 　口頭による意見交換を行う ③個人検討（最終決定） 　戻ってきたガイダンス授業シートを読んで相互評価を行う（発見ラインの記入）とともに最終決定（○印と理由）を記入する	・○印は軸上には付けない，小さい○印を付ける，理由はていねいにきちんと書くなど ・二人目以降は，前の人と異なる批判的検討を行う ・新しい視点や見方を提供する，別の立場から問題点を指摘する，反例（具合の悪い例など）を上げるなど① ・批判的検討の記入が終了したグループから副資料を配付する ・批判的記述の中に新たな発見や，問題点を整理・明確化し，再検討が迫られるような指摘（参った，やられたなど）があれば，その部分に赤い下線を引く②
終末	①振り返り用紙への記入 ②全体へのフィードバック 　回収したガイダンス授業シート 40 枚の，当初意見から最終意見までの変化を黒板に図示する	・すべての学習過程を丁寧に振り返る ・グループと全体での変化の様子を比較させたうえで，振り返り用紙を回収する

○発見ライン

　高め合いのグループワークでは相互に健全な批判力あるいは建設的な批判を発揮・行使する。たとえば批判的意見が実に的を射たものであると，批判された生徒側がそれを理解・受容し，自己の最終判断に考慮して取り込もうとする。その原資となる文章表現部分（文言・コメントなど）に引く赤いラインを，筆者が発見ラインと命名したものである。

　グループへの具体的な提示方法は，**表 2.6** の展開段階，指導上の留意点に
おける下線部分②の通り，中学 3 年生用に表現を容易にしている。

(3) ガイダンス授業の内容

① ガイダンス授業の学習過程

　まず，導入段階では授業者の自己紹介と実験授業の趣旨説明を行う。次に
グルーピングとアイスブレーキングを兼ねたウォーミングアップを試みる。
授業事例では「仲間を捜せ」（横浜市教育委員会 2010: 145）を実施した。

　展開段階は**表 2.6** の通り，「個人検討→相互検討→個人検討（最終決定）」
のプロセスを重視し，健全な批判力を駆使してメンバー全員と紙上討論並び
に相互評価を行う。

　終末段階では，全員が振り返り用紙に自己評価（一部自由記述）を記入する。
また，すべてのガイダンス授業シートを回収し，速やかにその結果をクラス
全体に提示する。すなわち，当初意見から最終意見までの変化を黒板に図示
し全体傾向を理解・把握させるとともに，生徒一人ひとりの判断とクラス全
体の傾向との変化の違いを比較・検討させる。

② ガイダンス授業シートの構成

（ア）課題（テーマ）の設定理由

　万引き（窃盗）という問題行動は中学生にとって身近な課題である。本人
自身の意思とは無関係に万引き行為に巻き込まれる可能性もある。このとき
適切な判断力や行動選択能力を発揮することが求められる。このテーマでは
そのような関係事態を想定している。当事者意識をもって個人検討や相互検
討を行い，中学生一人ひとりに責任感の高い自己判断を迫るものである。

（イ）座標軸の設定理由

　子どもの相談相手としては母親が選ばれることが最も多いが，思春期青年
（中 3〜大 1 とする）の相談相手は学校などの友人へと変化する。このテーマ
は友人・先輩との関係性および相談できる他者（親友，親，教師など）との関
係性を直交する 2 軸で問うものである。

（ウ）副資料とその提示方法

　副資料は遵法精神を促す内容のものである。批判的意見の記入が終了して，最終的な自己決定を行う前に，客観的な資料の一つとして提供する。口頭による意見交換の場面で検討材料の一つとなる。

(4) ガイダンス授業の評価

　このガイダンス授業を筆者は，中学3年生の学級で数回実施している。生徒の振り返り用紙を集計した結果，ガイダンス授業シートにおけるテーマ設定の理解度，批判的検討の実施度，新しい発見の有無の3項目は，一定の達成度に至っている。ただし自分と同意見の人には批判的意見を書き難いこと，在り方生き方教育の深い理解には至っていないことなどが判明した。

　参観した教師の観察評価は生徒評価より厳しい傾向があった。その中で学級担任教師の評価は，生徒の自己評価と比較的高い一致度であった。ガイダンス授業は学級担任教師による生徒理解を前提としている。なお，高校3年生の授業では，健全な批判力の意図を理解して批判的検討を行うことができた。批判的意見の中に受容できる内容を見つける客観性が育っていたといえよう。

第4節　まとめ——拡大する生徒指導の要求に応えて

　この半世紀の学習指導要領総則の文言を振り返ると，生徒指導に関する記述は平成期から急激に増大したことがわかる。記述内容はガイダンスからキャリア教育まで拡がり，道徳教育や教科外活動との関連性も重視されている。

　このような状況下での生徒指導の方向性は二つに大別できる。一つは組織的な生徒指導である。現在の学校には，教科教諭以外に養護教諭や栄養教諭，学校医やスクールカウンセラー，さらにスクールソーシャルワーカーなどの専門家の参入が進んでいる。学級担任中心の生徒指導から専門家を加えたチームによる生徒指導，いわゆる，チームガイダンスに転換しようという動き

である。そこではチームメンバーの選び方，チームリーダーの役割，チーム会議の持ち方などが課題となっている。

　生徒指導のもう一つの方向性は，生徒指導の教育課程化（授業化）である。本章ではガイダンス授業と呼称した。教科外教育（道徳，総合的な学習の時間，特別活動）の授業時間を用いて学級担任中心に実施することとなる。ただし，ガイダンス授業は単なる講義ではない。生徒の興味関心を呼び起こし，生徒の主体的・能動的な学習活動を取り入れることが大切となる。

　本章ではアクティブ・ラーニング型の授業形式であるグループワークを用いたガイダンス授業を紹介した。この授業で用いた高め合いのグループワークは，筆者が考案した CGW（Collaborative Group Work）の一形態に過ぎない。CGW とは生徒の社会性・協同性・道徳性などを促進する目的で開発された授業方法である。アクティブ・ラーニング型の授業との共通性を探りながら，CGW の改良と普及を行うことが当面の課題である。

［木内　隆生］

● **考えてみよう！**

- ▶ 平成期に入り学習指導要領総則における生徒指導の記述が厚くなった。その理由を 100 字程度でまとめてみよう。
- ▶ 教育課程外における生徒指導では地域や家庭・保護者との連携が重要であるという。どのように連携を図ればよいか，具体策を 100 字程度でまとめてみよう。
- ▶ 教育課程内での生徒指導に関する 50 分授業，たとえばガイダンス授業での教材開発の具体例を一つ考えて，その学習指導案（A4 判 2 枚程度）を作成してみよう。

● **引用・参考文献**

茨城県教育委員会（2006）『高等学校道徳教育指導資料』
上地安昭（1990）『学校教師のカウンセリング基本訓練』北王路書房
木内隆生（2019）『特別活動 15 講と総合的学習 8 講』大学図書出版

木内隆生（2023）『生徒指導・進路指導 15 講』大学図書出版

後藤弘子（1999）『少年非行と子どもたち』明石書店

嶋崎政男（2006）『少年殺人事件（生徒指導 7 月増刊）』学事出版

滝充（2015）「第 5 章 2-3　いじめ」日本生徒指導学会『現代生徒指導論』pp.134-137

田中耕治編（2009）『よくわかる教育課程』ミネルヴァ書房

日本生活指導学会（2010）『生活指導事典』エイデル研究所

日本生徒指導学会（2015）『現代生徒指導論』学事出版

松原達哉（2002）『スクールカウンセラーと連携した指導（教職研修 3 月増刊）』教育開発研究所

溝上慎一（2014）『アクティブラーニングと教授学習パラダイムの転換』東信堂

文部科学省（2017a）『中学校学習指導要領（平成 29 年告示）』

文部科学省（2017b）『中学校学習指導要領（平成 29 年告示）解説　総則編』

文部科学省（2018）『高等学校学習指導要領（平成 30 年告示）解説　総合的な探究の時間編』

文部科学省（2009）『高等学校学習指導要領解説　特別活動編』（平成 21 年 7 月）

文部科学省（2022）『生徒指導提要』

文部科学省（2011）『小学校キャリア教育の手引き〈改訂版〉』

文部科学省（2022）『小学校キャリア教育の手引き―小学校学習指導要領（平成 29 年告示）準拠』

山崎保寿・黒羽正見（2004）『教育課程の理論と実践』学陽書房

横浜市教育委員会（2010）『個から育てる集団づくり 51』

渡部邦雄・倉本哲男監修（2012）『「生きる力」の教科書』嬉野市教育委員会

▶ 学校不適応から社会不適応への拡大

　中学・高校の生徒指導上の課題として，いじめ・不登校，長期欠席・中途退学・原級留置などがあげられる。下の図は，それに加えて150万人以上の引きこもり予備軍生徒，さらにニート・引きこもりなど社会不適応の青年を含めた，ここ10年間（平成20〜30年）の不適応状況の全体像を把握するために筆者が作成したものである。

　この遠因としては，中学校までの友人関係のこじれなどから始まった，同性仲間集団からの脱落・回避などが強い影響を与えていると分析されている。とくに「ひきこもり親和群という若者が155万人存在する」と指摘した高塚雄介の分析を見逃すことはできない。詳しくは2010年，内閣府発表の『若者の意識に関する調査（引きこもりに関する実態調査）報告書』を参照されたい。

［木内　隆生］

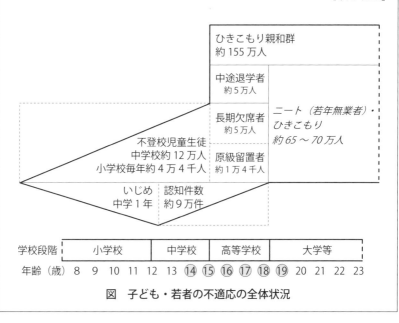

図　子ども・若者の不適応の全体状況

第3章

児童生徒理解

━━━━━━━━━● 本章のねらい ●━━━━━━━━━

学校教育において，教師が最も重視し，常に注目すべきことは何か。

それは，目の前にいる児童生徒（以下子ども，または子どもたち）を理解し，学校生活に反映させることである。いくら高度で立派な授業を展開しても，それが目の前にいる子どもたちの発達に即し，興味関心を引くものでなければ，また，子どもたちと教師との信頼関係が確立していなければ，生きた教育にはならないのである。本章では，学校教育を通して子ども一人ひとりをどのように理解していくかについて，具体例を交えながら解説していく。

第1節　児童生徒理解の基本

1. 生徒指導の原点となる児童生徒理解

児童生徒理解とは，子どもが発する情報を「受け入れる」姿勢を前提としつつ，子どもの自助資源（プラス面）と課題点（マイナス面）に対し，心理特性と行動特性とを収集し，統合する営みである。

子どもを理解するために指導者に求められることは，次の二点である。①個人をどのように理解し，指導に当たるか，②個人を理解するうえで欠かすことのできない発達的課題についての客観的専門的知識をもつこと，これは，生徒指導が「一人一人の児童生徒の健全な成長を促し，児童生徒自ら現在及

び将来における自己実現を図っていくための自己指導能力の育成を目指す」
（文部科学省 2010）ものであることからも裏づけられる。

　児童生徒理解を原点とする生徒指導においては，学習指導要領にある生徒
指導の機能とガイダンス機能を指導支援の基本的観点としており，この二大
機能がバランスよく充実していくことによって子どもの自己指導力を育成す
ることができるのである。

2.　生徒指導が機能するための児童生徒理解

　生徒指導が機能するためには，「自己存在感」「共感的関係」「自己決定」
の3つが重要であるとされている（坂本 1999）。子ども一人ひとりの「自己
存在感」を促し，「共感的な人間関係」を育みながら，「自己決定」に委ねて
いく方向で機能することが期待されており，現在学校教育に浸透している考
え方である。また，ガイダンス機能とは，子どもの個人的社会的発達・学業
発達・進路発達上の自己決定・自己選択に際して，適宜「情報提供や案内，
説明」を行うものである（文部科学省 2008）。

3.　児童生徒理解に求められる教師の基本姿勢

　生徒指導においては，児童生徒理解そのものが子どもと教師との教育的関
係性の成立を左右するといっても過言ではない。お互いの信頼関係を成立さ
せるために必要不可欠なことが，教師による共感的理解に基づく生徒指導で
ある。子どもとの関わりの中で第一に教師に求められる姿勢は，野球に例え
れば，投手役である子どもの発する言動に耳を傾け，受け入れる捕手役の役
割である（犬塚 2011）。子どもとの関わりの中で，言葉と感情のキャッチボ
ールを通した情報収集により，"今，ここ"にある子どもの姿を把握するこ
とができる。そのためには，収集した情報を記録し，のちに振り返りができ
るようにすることが大切である。たとえば，どの校種においても担任が必ず
作成する児童生徒名簿を活用することも有効である。子どもの言動を記号化
し，気がついた時にその都度名簿に記入していくのである。子どもとの直接
的な関わりが終わった放課後などに見直すと，教師自身の子どもへの見取り

方や偏りなどに気づくことがある。そこから反省し，その日関わりの薄かった子どもや関わり方に課題が残ったと思われる子どもに対し，翌日意識していくことができ，より公平な関わりが実現していく。

　また，生徒指導をチームで行う場合には，犬塚文雄（2011）は，**図 3.1** に示した「自己検討 SOAT シート」を活用することを推奨している。これは，学内のチームによって情報を共有し，指導を推進する際に有効な資料の一つとなりうる。

　このようにして子どもの学校生活をより確実に多面的にとらえることで，児童生徒理解を進化させていくことができる。そのうえで，学級集団内における本人の人間関係や友人関係を把握し，集団の一員としての在り方を把握すること，集団特性全体を把握し，指導に生かしていくことが求められる。

要因 Data	プラス面（自助資源）	マイナス面（課題点）
主観的データ Subjective data （心理特性）	（例）積極的でチャレンジ精神に富んでいる。	（例）思い通りにいかないと，すぐにいら立つ。
客観的データ Objective data （行動特性）	（例）よく教師の手伝いをする。	（例）すぐに手が出る。人や物を叩く。

評価・見立て〜 Assessment 〜
（例）欲求不満耐性が弱く，現実生活の中で承認欲求が阻止されると，暴力的な行為を繰り返している。

対処方針〜 Treatment 〜
（例）現実生活の中で少しでも承認欲求が充足されるような条件整備を図り，欲求不満耐性力を育む個別支援プログラムを導入し実施していく。

図 3.1　自己検討 SOAT シート

（注）Data（　）内は筆者加筆。
（出所）犬塚（2011: 84）

第2節　児童生徒理解に関する今日的課題

　本節では，児童生徒理解からの視点に基づくいじめ問題，不登校問題，子どもが楽しく通える学校づくりについて解説するが，いじめ・不登校に関しての詳細は，本書第6章および第7章を参照されたい。

1. いじめ問題

　いじめの現状として，平成28（2016）年度の認知件数は約32万3千件であった（文部科学省 2014）。これは，前年度（2015年度）より約9万8千件ほど増加し，過去最多となった。しかし，はたして過去に比べていじめの件数がこれほど大幅に増加したかといえば，一概にそうとは言い切れない。

　なぜなら，いじめは「見えにくい構造」をもった「社会問題」だからであり，とくに教師が見ようとしなければ見えない現象だからである。

　なぜ「見えにくい構造」をもっているのか，その理由を具体的に上げれば，①多分に主観的な見解に基盤を置く現象であり，②認知のずれや過誤を伴うものであること，③加害意識が希薄な事案が少なくないこと，④事実認定が難しい事案が多いこと，⑤通報や訴えが少ないこと，⑥子どもにとっては，当事者間の問題としてとらえられがちで，自分たちの問題としてとらえる傾向が非常に弱いこと，などが考えられる。

　つまり，むしろ学校・家庭・地域の感性と教育力が向上したためにこれまで見過ごされてきたものが可視化されたともいえるのである。

　いじめ発見の最も効果的な方法としては，子どもたちに対するアンケート調査があげられる。「平成25年度　問題行動調査」（文部科学省）によれば，アンケート実施率は前年度の95.2％よりわずかではあるが増え，95.5％となっている。しかし，アンケートを実施したからといってそれがいじめ発見のきっかけとなる万能な方法とは言い切れない。子どもが教師を信頼していない場合，もしくはアンケート自体を信用していない場合には，質問事項に対して正直に回答するとは限らないからである。したがって，アンケートを実

施するにあたっても，子どもとの信頼関係を築いていることが重要となる。つまり，日ごろからの担任や担任以外の教職員による観察結果の共有，子どもや家庭との信頼関係づくりによる情報収集など多様な方法の組み合わせを活用し，子どもをより深く理解しておくことが肝要である。

　現在増加し，懸念されている「ネットいじめ」は，匿名性があり，また従来のそれに必要であった力関係がないことから，一旦起こってしまえば炎上し，収拾がつかない状態に陥ることもある。いじめに加担している側は罪の意識が非常に低く，受けている側にとっては24時間どこへ行っても落ち着く場所がない状態に陥る。

　こうしたいじめをできるだけ早期に発見し，対応するためにも，教師の子ども理解に基づく信頼関係樹立および子どもを取り巻く関係機関との連携が効果的であることは言うまでもない。そのため，こうした傾向を踏まえ，関係機関では，加害者意識をもち，増幅を抑えるために，ネット上でも対策を講じるようになってきている。

2.　不登校問題

　不登校の定義は，文部科学省によると，何らかの心理的，情緒的，身体的，あるいは社会的要因・背景により，登校しない，あるいはしたくともできない状況にあるために年間30日以上欠席した者のうち，病気や経済的な理由による者を除いたものとされている（第7章，pp. 108-109 参照）。

　不登校となった直接的原因は，文科省の調査によれば，友人関係および家庭の事情に起因していることが明らかとなっている。また，不登校状態が継続している理由としては，2003（平成15）年度には，主に不安など情緒的混乱，いずれの理由が主であるか決めがたい複合的な理由，無気力，があげられている（文部科学省 2003）。近年では，複合の割合が伸びており，不登校の要因・背景の複合化や多様化の傾向が見受けられる。中学校では，あそびや非行の割合が高い状況にある。また，不登校との関連で新たに指摘されている課題として注目されていることに，学習障害（LD）や注意欠陥／多動性障害（AD/HD）などの発達障害がある。これらの児童生徒では，周囲との人間関

係がうまく構築されず，学習のつまずきが克服できないなどの状況が進み，不登校に至る事例が少なくない。さらには，保護者による子どもへの虐待など，登校を困難にするような事例も含まれており，個々の子どもが不登校となる背景にある要因や直接的なきっかけはさまざまで，要因および背景は特定できないことも多いという点にも留意する必要がある。

　なお，忘れてはならないのは，不登校解決の目標は，子どもたちの将来的な「社会的自立」であるということである。

　これらは，やはり教師による子ども理解を前提とした取り組みが大きな役割を担うといえる。本章末の「コラム」には，こうしたことの具体例として，担任による放課後の家庭訪問を実施することによって，子どもとの信頼関係を樹立し，子ども自らの意志で登校が可能になった例を示す。

　こうした取り組みは，どの事例にも当てはまるとはいいがたい。子どもによって背景や本人の感性が異なるからである。なかには，学級の構成員である児童生徒の力を借りたり，担任が保護者の支えになったりすることで，本人の登校意欲を促進した例もある。あくまでも，教師の子ども理解をもとに，適切な対応が求められるのである。

3.　子どもが楽しく通える学校づくり

　人間関係が深まれば深まるほど，共有できる部分が増え，共感的に交わることができるようになる一方で，小さなことで摩擦が生まれる。いじめや不登校につながる問題についても同様な部分がうかがえる。

　では，学校という小社会の中で教師に問われるものは何かといえば，①問題に向き合う姿勢と実効性のある対応，②問題を通じて，子どもたちを育むことの明確さ，③実際に行った指導支援が子どもたちの成長につなげるものであったかの検証，である。

　たとえば，子どもたちが自己の存在感を実感し，精神的な充実感を得ることができる「心の居場所」づくり，子どもたちが社会性を身につける「絆」づくり，小中および中高連携を一層充実させ，体験入学やオリエンテーションを実施するなどの工夫をすることが考えられる。また，将来の自己実現に

向けたキャリア教育を充実させたり，学校と社会のつながりを強めるために，地域の団体や企業，NPO 等と連携し，子どもが社会との結びつきを強めるようなさまざまな体験活動を実施したり，校外の多様な人材の協力により，子どもに多様な学習の機会を提供したりすることも，教師の役割として求められる。

　こうした活動を実現する機会として，生徒指導と深いかかわりのある特別活動を充実させていくことが重要なのである。なぜなら，特別活動では，学級活動，児童会・生徒会活動，学校行事などを通して，子どもたちが学校生活の基盤となる人間関係を形成し，学校における居場所づくりができるようになることを視野に入れているからである。こうしたことからも，教師による子ども理解を深化させる手立ての一つとして，特別活動は有効であるといえる。

第 3 節　子どもの発達と児童生徒理解

　子どもをより客観的に理解し，適切な指導支援を試みるためには，まず目の前の子どもの心理的発達について理解することが重要である。ただし，忘れてならないのは，先人が提唱し，一般的に言われている生活年齢をもとにした子どもの発達段階に目の前にいる子どもを当てはめるのではなく，逆に目の前にいる子どもの精神的発達状況は，発達段階のどのあたりに当てはまるか，どこに優れた点がありどのように伸ばしていったらよいか，またどこに課題がありどのように改善すべきかを検討し，対処法について教師が理解したうえで指導助言にあたることである。

　主役は常に目の前にいる子どもであることを念頭に置いて，日々の生徒指導に当たることが求められる。

1．子どもの発達成長

　子ども理解を深化させ，真に子どもに寄り添う生徒指導を展開していくためには，教師が目の前にいる子ども一人ひとりの心理的身体的発達段階をよ

り的確かつ客観的にとらえ，指導に活かす必要がある。

　なぜなら，子どもの発達は生活年齢で区切ることはできず，一人ひとりによってその速度が異なるからである（鹿取ら 2006: 60）。その原因としては，遺伝的な個人差や性差，発達過程の環境などが考えられる。身体的発達に限らず，精神的発達においても，同じ年齢の子どもでもそれぞれの発達の速度に違いがあることは明らかである。したがって，子どもの発達成長には順序性はあるものの，その速度や一つの段階にかかる時間には個人差があることを十分に理解していることが大切である。

2.　子どもの発達課題

　子どもの発達における順序性および発達段階における課題について考える。発達の段階では，教育上訓練や学習の影響を受けることが認められており，発達段階が全体として均一性をもつというよりは，それぞれの課題の領域ごとに別々に能力が獲得されていく面が目立つ。

　羽鳥ら（2009）は，ピアジェ理論に影響を受け，道徳判断における認知構造の変化に着目したコールバーグ（L. Kohlberg）の道徳性発達モデルを以下のように整理している（表3.1）。

　子ども理解を深化させるためには，目の前の子どもたちの発達段階を重視する必要がある。たとえば「叱る」という行為を取り上げて考えれば，子どもの精神的発達に注目し，それに即した叱り方をしなければ，子どもの心に響く生徒指導にはなりえない。具体的には，コールバーグの道徳性発達モデ

表3.1　コールバーグの道徳性発達モデル

水　準	段　階
Ⅰ.　前慣習的水準	1.　罪と服従志向 2.　道具的功利的思考
Ⅱ.　慣習的水準	3.　良い子志向・他者への同調志向 4.　法と社会秩序への志向
Ⅲ.　後慣習的水準	5.　社会契約志向 6.　普遍的倫理原理への志向

（出所）羽鳥ら（2009）。

ルの，Ⅰ．前慣習的水準の「1. 罪と服従志向」の段階にある子どもには，その場で直接的に「叱る」ことが効果的であるといえるが，Ⅱ．慣習的水準の「良い子志向・他者への同調志向」段階の子どもにはその場での直接的な指導はむしろ逆効果である，というようなことである。この例からは，対象となる子どもの発達段階を把握したうえでの指導がいかに大切であるかがうかがえる。

　犬塚文雄（2012）は，とくに生徒指導に直接かかわり，学校生活を円滑にする人間関係形成に関与するものとして，乳幼児期の基本三体験，つまり，生理的安定の達成として情緒面の土台づくりに欠かせない「被受容体験」，排泄の学習など，意思面の土台づくりに欠かせない「がまん体験」，年長児における同年齢の仲間関係の学習など，社会面の土台づくりに欠かせない「群れ合い体験」に注目している。

　これらは，乳幼児期の基本三体験として位置づけられるものであり，これら三つの土台がしっかりと確立していることによって，その子の成長発達は確かになっていくといえる。

3.　発達課題の積み残しへの指導

　基本三体験を土台にし，次に来る児童期には知識欲の芽生えがあり，知の土台となっていき，続く青年期には自身の進路を自身で模索決定していく力を養うようになっていく（犬塚 2012）。

　しかし，小中学生においてもこれらの基本三体験における積み残しがうかがえる場合があり，ここに注目することで，より子どもに寄り添う指導支援が可能になる場合がある。

　つまり，目の前の子どもの発達に注目し，寄り添うためには，まず個人に注目し，次に個人間の人間関係，さらに個人間の人間関係の集まりである所属集団について客観的に状況把握を行い，改善策を練っていくことが重要であるといえる。学校生活においてさまざまな人とふれあう場を提供することにより，そうした補充体験を通して子どもが自ら自分づくりをし，仲間づくりをし，ひいては集団をつくっていくことを目指した指導が必要となっていく。

第4節　児童生徒理解の重要な要素

　教師による児童生徒理解において，とくに重要と考えられるのは，対象となる子どもの能力・性格的特徴・興味関心・さまざまな事柄に対する要求・友達関係・生育歴・家庭や地域の環境などにおける知識と理解である。

　能力とは，身体的なものであったり，知的なものであったり，また学力であったりする。これらは，学校生活適応に関する基本的条件であるため，指導にあたっては，子ども一人ひとりのこうした能力を十分に把握したうえで，本人なりの活躍の場をつくるなどして学級が本人の居場所となりうるよう工夫する必要がある。

　性格的特徴を知ることは，生徒指導の方法を的確に把握するとともに，さまざまな課題を把握する際にも役立つ。興味関心や要求，悩み，友達関係などは，子どもの日常における学校生活に直接かかわっていく内容であるため，担任がこれらを知ることは，子どもの行動を理解し，その場における指導支援の方法を具体的に決定していくうえで重要な事項となる。こうした個人情報とともに，子どもを取り巻く環境についての把握は，子どもを客観的に理解するうえで必要不可欠なものといえる。

　ここでは，子どもを理解する手立ての一つとして教育相談を取り上げることで，子ども理解深化について述べる。

1.　子ども理解と教育相談

　子どもを理解する方法の一つとして，学校で教師が実施するカウンセリング（教育相談を含む）がある。「中学校学習指導要領解説　特別活動編」（文部科学省，2017: 131）によれば，「学校におけるカウンセリングは，生徒一人一人の生き方や進路，学校生活に関する悩みや迷いなどを受け止め，自己の可能性や適性についての自覚を深めさせたり，適切な情報を提供したりしながら，生徒が自らの意志と責任で選択，決定することができるようにするための助言等を，個別に行う教育活動である。」とし，「特別活動におけるカウン

表 3.2　教育相談の形態と方法

教育相談の形態	教育相談の方法
・個別相談・グループ相談 ・チーム相談・呼び出し相談 ・チャンス相談・定期相談 ・自発相談　など	・面接相談・電話相談 ・手紙相談・メール相談 ・スカイプ相談　など

セリングとは専門家に委ねることや面接や面談を特別活動の時間の中で行うことではなく，教師が日ごろ行う意図的な対話や言葉かけのことである。」としている。このことから，学校で実施される教育相談には，表 3.2 のような形態と方法が考えられ，これらをその場に応じて組み合わせ，実施することが望まれる。

　学校において，学級担任（小・中学校）やホームルーム担任（高等学校）が教育相談を行う場合，利点と課題が生じてくる。

　利点としては，日々子どもに接することで，①その変化を早期に発見し，早期に対応することが可能であること，②学級や学年の子どもたち，学年内のほかの担任をはじめとする学校内で働くすべての教職員という援助資源が豊富にあること，③学校内外において連携がとりやすいことがあげられる。一方で，①指導の実施者と相談者が同じ立場にいることによる難しさ，②成績評価を行う指導者としての担任の立場と相談実施者としての役割との一見相反する立場を要求されること，が課題として考えられる。

　そこで，場合によっては教育相談の担当教員や養護教諭が教育相談を請け負い，学級およびホームルーム担任（以下，担任）を援助する形をとったり，管理職が教育相談的役割を果たす形をとったりすることが考えられる。こうして，実際に子どもと関わり相談を受ける立場の人間と成績評価者である担任を分けておき，のちに情報を交換し合うようにするチーム支援も有効と考えられる。なぜなら，相談による援助を必要とする本人や保護者が，成績に繋がる恐れから，本心を開示することを拒む場合が有り，それによって改善に向けた試みが的を射ない場合もありうるからである。

2.　チーム支援

　最近の子どもの問題行動等は，内容や状況が複雑かつ深刻化しているケースが目立っている。その背景には，家庭をはじめとする子どもを取り巻くさまざまな環境が影響している例が少なくない。こうした状況の中で，担任一人で対応していくことが困難である場合が想定される。その場合，適切かつ迅速な対応は難しくなることは明らかである。

　そこで，いち早く情報を共有し，複数の目で子どもを見守ることにより，早期対応が可能となる方法の一つとして実施され始めているのが，学校内でチームを組み適時対応していく方法である。

　子どもの問題行動等の兆候が見られた場合や，実際に問題行動等が発生した場合に，担任だけでは見過ごしてしまうことも，担任が所属する学年組織や，学年を超えた生徒指導担当・生徒指導主事・養護教諭，場合によっては管理職を交えて，生徒指導委員会などを開催し，迅速に判断することで，その子への理解がより適切な指導へと繋がる可能性が高まる。

　また，チームによる支援が必要と判断された場合は，それぞれのケースごとに「ケース会議」を開催し，問題状況の把握や解決のための支援計画を作成できるようにしていくことが重要である。チームによる支援を行う場合には，メンバーを学校内の教職員に限る場合もあるが，状況に応じて保護者，教育委員会，関係機関など，および地域との連絡・調整役が必要となる。

　調整役は，専門的な知識やスキル，経験などを有する児童生徒指導主任・特別支援コーディネーター・生徒指導主事や管理職・養護教諭などが考えられる。こうしたチーム支援の種類としては，校内の教職員が連携して援助チームを編成する校内連携型，学校と教育委員会・関係機関などがそれぞれの権限や専門性を活かして活動するネットワーク型，学校や地域に重大な混乱を生じさせる事態に対応する緊急支援型（危機対応型）がある。なお，チーム支援を実施するにあたり，重視されるのが目標の共有やチームメンバーによる「報告・連絡・相談（ほう・れん・そう）」である。そのためには，ケース会議を定期的に実施するだけではなく，必要に応じて短い時間でも情報を共有する場を設けることができるシステムが必要であり，収集した資料の解釈

を共有することや，当該の子どもを理解し支援指導につなげていく方法を検討することが大切である。そうすることで，担任および当該の子どもに関わる教師の客観的な子ども理解が実現し，その子にあった指導支援が実現するのである。

　そのために，前述した「図 3.1　自己検討 SOAT シート」を活用して目に見える形で収集した資料を提示しあい，さらにその後どのような指導支援が適切かを検討しあうようにすることが望まれる。また，指導支援を実施した後にチームで振り返りをし，活動の成果と課題について検討しあうことも重要である。検討しあったことは記述し文章に残すことによって，その学校独自の足跡となる。これらの資料は，個人情報保護の視点から門外不出であることは言うまでもないが，校内に保管することによって，その後の学校運営や学級運営上活きた参考資料になりうるのである。

第 5 節　これからの児童生徒理解

1. 認知のずれ

　これまで実施されてきた子ども理解につながる研究方法や実践は，観察法などを踏まえ，教師の視点で推察したものをもとに行われてきた傾向がある。子どもへのアンケート調査実施の際にも，現実には教師の認知を基本尺度とし，そこへ当てはめた解釈がなされてこなかったか，つまりそこに現れた子どもの切実な思いを客観的に読み取るのではなく，教師の主観的見取りを前提にしているために見落としがなかったかを反省すべきである。教師の子どもに対する認知と，子ども自身の認知にずれが生じていた場合には，教師の認知に当てはめた解釈では，互いのずれは解消されず，そこで行われた生徒指導は真に子ども理解に基づくものにはなりえない。

　この点に注目し，より子どもに寄り添う生徒指導を展開していくうえで検討すべき点は，教師と子どもとの間に生じる認知のずれを明らかにし，その解消のための方策を検討することにある。

2.　教師の立場による認知のずれとその解消

　担任教師は，往々にして学級の子どもの実態を誰よりも認知していると考えがちである。したがって，自身と異なる見解を示す意見には耳を傾けようとしない傾向にあることは否めない。それだけ子どものことを日ごろからよく観察し，理解しようとしていることを裏づける結果であるともいえるが，学校生活を営んでいる時でさえ，実は子どものすべてを把握し切れているとはいいがたいことを自覚する必要がある。

　授業中であっても，40人の子どもたちすべてを知り尽くすことはできない。極端な言い方をすれば，子どもの日常を切り取ってみているにすぎないのである。その点を十分理解していると，自分が見取ることができなかった場面で表出する子どもの素顔をほかの教師から聞き取り，子どもを総合的に認知する資料として受け入れ，指導に活かすようにすることがいかに重要であるかがわかり，他者の意見を真摯に受け止める担任の姿勢が生じてくる。子どもを偏った見方で評価していないかを振り返る良いチャンスとして受け入れるのである。

　そのための機会として，毎週位置づけられている学年会を利用し，教師同士が見取った子ども理解につながるエピソードの共有を図るようにすることは，有効である。

3.　子どもと教師の認知のずれとその解消

　子どもが表出する言動の中には，その子に対する教師による日ごろの認知を修正すべき内容が含まれている場合がある。もし，教師が自身の認知にのみ固執し，その子が発するメッセージを受け止めようとしなかった場合，子ども理解は深化せず，むしろ誤った解釈による指導支援が繰り広げられるもととなり，子どもと教師との心理的距離は広がっていってしまうことになる。

　それを解消するためには，教師は，常に子どもの発信するメッセージを自分のもつ尺度で量ろうとするのではなく，なぜそのような発信をするのかその背景などをたどってみる余裕をもちたい。方法としては，当該の子どもを取り巻く仲間や保護者など，背景要因をたどり，理解しようと努力すること

が求められる。

　こうした教師の姿勢が，子どもとの信頼関係を生み，より深化した子ども理解へとつながっていくのである。

［佐野　泉］

● **考えてみよう!**

　▶ 次の二点について，具体例を挙げながらあなたの考えを述べてみよう。
　　 1．子ども理解を深化させる方法にはどのようなものがあるだろうか。
　　 2．子ども理解を深化させるために，次の二つの立場を想定して，自分
　　　 ならどのようなことを行おうと思うだろうか。
　　　 ①担任の立場で
　　　 ②担任以外（同学年担任教師・他学年または専科の教師）の立場で

● **引用・参考文献**

犬塚文雄監修（2011）『生徒指導論―真心と優しさと』文化書房博文社

犬塚文雄（2012）「ガイダンスカリキュラムの実践―横浜プログラムと YP アセスメントの併用を中心に―」『指導と評価』58 巻 6 号，pp.24-27

鹿取廣人・杉本敏夫（2006）『心理学〔第 2 版〕』東京大学出版会

国立教育政策研究所（2012）「生徒指導リーフ　いじめの未然防止Ⅰ・Ⅱ」

国立教育政策研究所（2012）「生徒指導リーフ　「絆づくり」と「居場所づくり」」

坂木昇一（1999）『生徒指導の機能と方法』文教書院

羽島剛史・黒岩武志・藤井聡・武村和久（2009）「道徳性発達理論に基づく土木技術者倫理に関する実証的研究―倫理規定の解釈可能性が土木技術者の倫理性に及ぼす影響―」『土木学会論文集 D』Vol.65 NO.3：262-279

文部科学省（2003）「平成 15 年度　児童生徒の問題行動等生徒指導上の諸問題に関する調査」

文部科学省（2008）『中学校学習指導要領解説　特別活動編』

文部科学省（2017）『中学校学習指導要領（平成 29 年告示）解説　特別活動編』

文部科学省（2018）「平成 28 年度「児童生徒の問題行動・不登校等生徒指導上の諸課題に関する調査」（確定値）について」

文部科学省（2022）『生徒指導提要』

森田洋司（2010）『いじめとは何か―学校の問題・社会の問題』中公新書

▶ 子どもが心を開くとき～不登校の解消に向けて～

「子どもが心を開くとき」とは，どのようなときであろうか。

一つの実践例を紹介しよう。

A児は5年生のとき仲間からいじめを受けていることを，担任Bに何度も相談しようと試みたが，そのたびに機を逸していた。ある日，担任Bが何気なく発した一言が，A児を深く傷つけた。翌日からA児は登校しなくなった。母親は心配して学校に相談したが，対応に当たった相談係は，当時の風潮を踏襲し，しばらく様子を見るよう伝えた。担任Bもそれに従った。A児はその対応に疎外感を覚え，心を閉ざしてしまった。母親の心配は募るばかりであった。

6年生になって担任がCに代わったが，A児の不登校は続いた。担任Cは事前の情報収集を踏まえて，まず母親と話し合い，ほぼ毎日電話連絡をしあった。また週に一回程度家庭訪問をし，直接話す機会をもった。当初担任Cの来宅がわかると，A児は自室に入り姿を見せなかったが，回を重ねるうちに部屋から出てくるようになってきた。頃合いを見計らって，担任CはA児に声をかけ，3人で話をするようになった。母親が席をはずし，ふたりきりになっても会話が成立するようになったころ，母親から，A児が担任Cの訪問を心待ちにしていることを聞いた。

担任Cは，ある時「この続きは明日の朝学校でしようね。待っているよ。」と伝え，帰校した。翌朝早く，A児が教室に入室すると，担任Cは笑顔でA児を迎え入れた。その後登校してきた学級児童も，ごく自然にA児を受け入れ，それがまたA児の安心につながったようであった。

この事例では，担任CがA児の心の居場所としてA児自身に認められたことが不登校解消につながったといえる。担任Cは常に学級内でA児のことを話題にし，学級児童の意識の中にA児を存在させるよう仕掛けていたことが，A児が学級も自分の居場所であると認知するきっかけとなった。

子どもの発達課題に注目すると，とくに中・高学年児童にとって「友だち」は重要な存在となる。最初は人的居場所として担任が認められることは大事であるが，さらに必要なのは本人が心を開いて話ができる「友だち」の存在である。それを保証することで，学校教育における人間関係づくりの効果が期待できるといえよう。子どもは自分が必要とされていると感じ，そこが自分の居場所と認知したときに心を開くのである。A児はその後休むことなく卒業式を迎えた。中学校は地元の公立へ進み，友だちと仲良く過ごしている。

［佐野　泉］

第4章

学校における生徒指導体制

● 本章のねらい ●

　学校において生徒指導を実行させていくためには，学校すべての教員がチームとなって機能的に関わることのできる生徒指導体制を構築することが求められる。本章ではその体制の考え方や組織・実践の在り方，また効果的な体制を持続可能とするために必要な工夫や配慮についての方法も紹介する。

第1節　生徒指導体制構築における基本的な考え方

　学校現場は，異動や転任，入退職によって教職員が毎年度入れ替わる。教員の指導観もさまざまであり，一つの事象に対して「まぁ，いいんじゃないか？」ととらえる人もいれば，「それは指導しなければ」ととらえる人もいる。これは学校における生徒指導の難しさの一因であろう。こうした問題が生じにくい状況をつくっていくためには，学校において確固たる生徒指導体制を構築することが求められる。ここでいう「確固たる」とは，生徒指導体制の外殻を固めるというものではなく，時代の流れや学校の状況，児童生徒の多様な課題に対して柔軟に対応し続けることができる，持続可能な問題対応力をもった組織を構築するということである。

1. 教員の専門性を生かした体制構築

　持続可能な問題対応力をもった組織を構築するためには，教員一人ひとりの個性や専門性を理解し，適切な役割に充てることが重要である。また，その個性や専門性を教員同士が尊重し合い，それらを共有できる関係性であることが望ましい。たとえば，受容的で児童生徒との対話が上手な教員や，児童生徒を上手く説諭しながら指導に当たることができる教員がいたとしよう。このような教員固有のスキルを，その教員だけのものに留めておくのではなく，たとえば若手教員がそれを学ぶ機会を設けたり，管理職がそういった優れたスキルを取り上げてすべての教員にフィードバックしたりすることも有効であろう。このように，教員それぞれが他の教員を称え，認め合える同僚性を構築することが，多様な問題に対するチームによる生徒指導を実現し，そしてそのような対応を継続していくことができる礎ともなるだろう。

　さらに校長のマネジメントのもと，教員が持つリソースだけによる生徒指導に終始するのではなく，積極的に心理や福祉等の専門スタッフを登用し，学校の教育活動の中に位置づけていくことも重要である。教員の同僚性の中に専門スタッフが加わり協働することで，より教員の専門性の深化も狙うことができ，生徒指導上の大きな問題の際も，専門スタッフと連携しながら対応を行っていくことができるだろう。

2. 校長のリーダーシップによる体制構築

　学校は，校長のリーダーシップや教育委員会との連携によって，生徒指導体制が大きく異なる。たとえば地域学校協働推進員や部活動指導員などの専門スタッフの人員配置や事務員の複数配置など，校長と教育委員会との連携によって実現する人員配置もある。このようなことを実現させるためには，校長が学校教育目標や学校運営方針に基づく生徒指導の在り方について，生徒指導体制の意義とともにすべての教員に明示し，校内の生徒指導体制を積極的に構築しておくことが求められる。

　図 4.1 は中学校における校務分掌の例である。校務分掌の構成や教員の担当は，学校全体の教育活動を推進させていくうえで十分に検討することが求

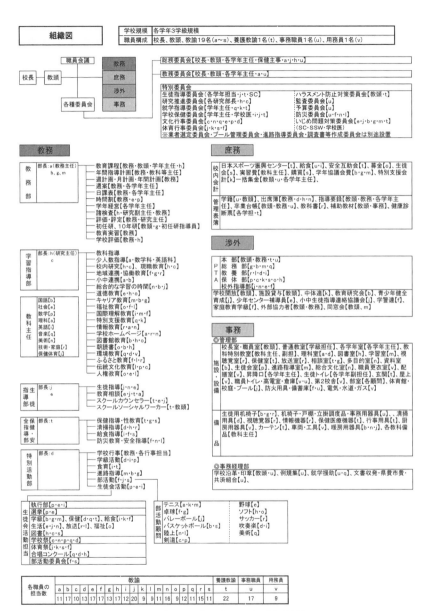

図4.1　校務分掌組織図の例（中学校）

（出所）文部科学省（2017）

められる。学校の規模や実態に即して構成や担当を工夫していくことが，校長のリーダーシップとしても求められるだろう。またその際には，教員一人当たりの担当数や業務量も考慮することで，教員の力がさらに発揮される組織となる。

　また校長のリーダーシップとは，ただ単に意思決定を校長一人が行うということではない。責任の所在は校長にあることは確かにしながら，校長，副校長・教頭，事務長，主幹教諭や学年主任などと「学校意思決定チーム」を構成し，学校としての判断を補佐する体制を整備することも必要である。こうすることで，たとえばある課題を学年主任に学年の教員と討議するよう依頼すれば，学年の教員は学校としての判断に関与することができ，学校マネジメントに対する主体性を教員にも意識づけることが可能となる。

3.　すべての教員が協働できるチーム学校の体制構築

　学校において，子どもたちの最前線で生徒指導を実践するのは学級担任である。日々の学級経営や生活指導の中で発達支持的生徒指導の実践を行う。しかし，生徒指導の充実を図っていくためには，学級担任だけでなく生徒指導主事を中心とした生徒指導部，教科担任，また管理職や養護教諭との連携に基づくチーム学校の体制構築が求められる。

　チーム学校による実践を実現するためには，これまで述べた教員の専門性を活かすことや，校長のリーダーシップのもとでの体制整備とともに，教職員一人ひとりが力を発揮できる環境の整備が求められる。具体的には組織内での生徒指導に関するデータの共有や，それに基づく効率的な会議の実現である。データや学級担任の困り感がタイムリーに学年主任と共有され，それが校内のさまざまな役割を担った教員と共有されるシステムを構築することが

図4.2　生徒指導の成果を生み出す3つの要素

（出所）Sugai & Horner（2002）

必要である。実践とデータ，そしてシステムの3つが機能することで生徒指導の成果が実現するのである（Sugai & Horner 2002）。

4.　業務改善や力量形成（研修）も包含する体制構築

　学校では，生徒指導事案に対してただ組織で対応していくだけでなく，チーム学校としての組織の状態を，常にメンテナンスしていくことも求められる。ここでいうメンテナンスとは，教員がもてる力を発揮し，全校での生徒指導体制が機能し続けるために，たとえば会議や打ち合わせの方法，進め方を改善したり，教員それぞれの業務量や心的負担などに考慮して，メンタルヘルス対策を行ったりすることである。

　また，教員が力量形成に対して積極的に取り組むことができる体制であることも重要である。生徒指導に関する教育的ニーズや，子どもを取り巻く問題は日々変化している。そのような中で，問題の本質を的確に理解し，変容する児童生徒の状況を把握するために，『生徒指導提要』では教員に「児童生徒の行動をみるときの自分自身の視座（視点や認識の仕組み）」に気づくことを求めている。指導に必要な力量と実践力を教員が自身の専門性や特性を認知しながら，主体性的かつ積極的に学び続けることができる環境づくりは，生徒指導を充実させていくためには不可欠である。そのために，充分に教員のニーズや実態把握を行った上での校内研修の実施や，研修のスケジューリングなどが，生徒指導主事によってマネジメントされることが大切であろう。

第2節　学校における生徒指導体制を機能させる目標の明確化

1.　学校の教育目標に基づく生徒指導方針の明確化

　生徒指導を機能させていくためには，学校の教育目標の実現に向けて教育課程内外のすべての教育活動を推進していく必要がある。そのためには，学校の教育目標に基づいて，どのように児童生徒と関わって生徒指導を行っていくのか，またその目標はどのような姿であるのかの生徒指導方針を，生徒

表 4.1　A 高校の生徒指導方針

時代の変化や社会の進展に対応できる個性豊かな人材を，校訓「自主・敬愛・実践」に基づいて，「目指す 3 つの姿（生徒像）」と「育成したい 5 つの力（資質・能力）」を各教科・科目，特別活動等で育成します。 〈目指す 3 つの生徒の姿（生徒像）〉 　(1) 自ら学び，考え，目標に向かって挑戦し続ける生徒〈自主〉 　(2) 多様性を認め，他者を尊重し，思いやることができる生徒〈敬愛〉 　(3) 豊かな人間性や社会性を身につけ，時代の変化に柔軟に対応できる生徒〈実践〉 〈育成したい 5 つの力（資質・能力）〉 　(1) 自己肯定力 (2) 学びに向かう力 (3) 対話力（コミュニケーション力） 　(4) キャリアプランニング力 (5) 多様性を理解し，共生・協働する力

（出所）ある高校の例をもとに作成

指導主事が中心となった生徒指導部が「学校意思決定チーム」とともに策定し，すべての教員が方針に対して意思疎通し，共通理解をすることが必要である。この過程によって生徒指導部と他の校務分掌との連携をより強固なものにでき，さらに学級担任や教科担当などとも同じ方向を向いて生徒指導を行っていくことができる。

　表 4.1 は，とある A 高校の生徒指導方針である。校訓である「自主・敬愛・実践」に基づいた「目指す 3 つの生徒の姿（生徒像）」と「育成したい 5 つの力（資質・能力）」について，具体的に示されている。このように生徒指導の方針をより明確にすることで，すべての教員が取り組むべき方向性や内容を共通理解することができる。

2.　生徒指導を実践するうえでの目標行動の具体化

　日々児童生徒と関わる中で，生徒指導の方針について共通理解を行っていても，細かな指導の離齬や違いが生じてしまい，結果的に教員への不信感につながっていく恐れがある。そうならないために，学校は児童生徒のどのような姿を大切にしたいのか，学校の教育目標はどのような児童生徒の姿や行動を期待しているのかについて，より具体的に議論をする必要がある。

　表 4.2 は A 高校の生徒指導方針で育成したい 5 つの力（資質・能力）について，すべての教員に生徒に期待する具体的な行動を出し合ってもらい集約し

表 4.2　A 高校の生徒指導方針に基づいた生徒の目標行動

〈自己肯定力〉	〈対話力（コミュニケーション力）〉
・自分で考え，行動する	・自分からあいさつする
・積極的に他の人と教え合う・話し合う	・自分の意見や考えを相手に伝える
・授業や HR 活動に積極的に参加する	・相手の話に耳をかたむける
・知っていることを伝える	・いろいろな人と会話する
・チャレンジする	・グループで話し合い活動ができる
〈学びに向かう力〉	〈キャリアプランニング力〉
・授業に集中して取り組む	・自分の将来について考える
・課題に真剣に取り組む	・興味がある学校や職種を調べる
・始業前に授業準備をする	・検定やコンクールに挑戦する
・自分の考えをまとめる（発表する）	・勉強と社会を結びつけて考える
・分からないことを調べる・質問する	・自分の進路を決定する
〈多様性を理解し，共生・協働する力〉	
・自分を認める	
・他の人の意見を尊重する	
・みんなで協力して行動する	
・困っている人に手を差し伸べる	
・多様な人と共に学ぶ	

（出所）表 4.1 に同じ。

たものである。育成したい 5 つの力（資質・能力）の内，たとえば学びに向か
う力を実現するためには，「集中して授業に取り組む」「課題に真剣に取り組
む」「積極的に他の人と教え合う・話し合う」といった生徒の行動を大切に
していこうと，教員同士の話し合いの結果整理された。このように具体的な
行動に整理することで，教師の子どもを見る視点を焦点化することができ，
より効果的な生徒指導を実践することが可能となる。

　またこのように具体的な行動に整理することで，学校内に掲示して生徒と
共有でき，日々の教育活動の中で活かしていくことができる。さらに，これ
ら行動を高める取り組みを，生徒主体の特別活動や委員会活動で取り組むこ
とも可能になる。この実現のためには生徒指導方針に基づいて，教員それぞ
れがどのような生徒の行動を大切にしたいのかについて，十分に話し合う機
会を設けることが必要であろう。

第3節　生徒指導の目標を実現させる年間指導計画の作成と教員の研修

　目標に基づく実践や取り組みが計画立てて行われることは容易くない。年度当初にしっかりとした議論を行いながら，すべての教員で議論しておく必要がある。ここまで述べてきた生徒指導方針の明確化や，生徒指導方針に基づく目標行動の具体化が実現したら，1年を通して指導・支援できる年間指導計画の作成を行う。年間指導計画は学年の実態に応じた取り組みが行われるよう，大きく分けて学校全体のものと各学年のものの2つ作成する。ここでは，それらをどのように策定することで学校における生徒指導が機能していくのかを，具体的な例をもとに紹介する。

1. 目標行動に基づく学校全体の年間指導計画の作成

　学校全体の年間指導計画は，組織全体で生徒指導の目標を実現するために非常に重要なものである。また，生徒指導の目標は複数にわたるため，年間を通してこれらがバランスよく実現するように調整することも大切である。
　表4.3はA高校の年間指導計画である。生徒指導主事をはじめとした生徒指導部が中心となって，各月の学校全体で育成したい5つの力（資質・能力）とそれに基づく生徒指導に関する目標をまず定める。学校の実態や教育活動と連動できるような配置を行い，1年間を通して学校全体で生徒指導方針が実現できるように計画する。生徒指導部や学校意思決定チームによって検討された年間指導計画は，すべての教員とも共有し，適宜調整を行いながら確定を行っていく。各学年や校務分掌では，この年間指導計画に基づいて教育活動を計画していくため，この段階での全体共有と調整は欠かせないものとなる。

2. 目標行動に基づく学年の年間指導計画の作成

　表4.3には，各学年，各月の学年の目標行動が掲げられている。各学年では，

表 4.3　A 高校の生徒指導に関する年間指導計画

月	育成したい 5 つの力（資質・能力）	生徒指導に関する目標	学年の目標行動			教員の研修や活動
			1 年生	2 年生	3 年生	
4	対話力（コミュニケーション力）	学校目標に基づいた新しい学年・学級の計画を立てよう	あいさつ	あいさつ	いろいろな人と会話	・学校目標に基づく具体的な生徒の行動の検討 ・立案 ・生徒指導と教育相談の方法に関する研修
5	学びに向かう力	基本的な生活習慣・学習習慣を身につけよう	授業に集中	調べる・質問する	課題に真剣	・新学級の児童生徒の情報交換 ・アセスメントアンケートの実施と分析
6	多様性を理解し、共生・協働する力	学級の仲間とのつながりを大切にしよう	意見を尊重	協力して行動	自分を認める	
7	自己肯定力	一学期のふりかえりと夏休みの計画をしよう	自分で考えて行動	チャレンジ	チャレンジ	
9	学びに向かう力	規律ある生活を送ろう	始業前準備	課題に真剣	調べる・質問する	・学級の実態を踏まえた学級経営の方法の検討 ・教員それぞれの自己の学びの校内での交流 ・アセスメントシートの分析
10	多様性を理解し、共生・協働する力	行事を通して望ましい人間関係をつくろう	自分を認める	多様な人と共に学ぶ	手を差し伸ばす	・行事を生かした指導支援の方法の検討
11	キャリアプランニング力	自分の行動に責任を持とう	自分の将来	学校や職種調べ	進路決定	
12	自己肯定力	二学期の生活の締めくくりをしよう	伝える	教え合う・話し合う	自分で考え行動	
1	キャリアプランニング力	新年の抱負を持って生活しよう	検定への挑戦	勉強と社会を結びつけ	進路決定	・キャリア教育の在り方に関する研修 ・次年度への引継ぎに向けた資料作成
2	対話力（コミュニケーション力）	学級の仲間とのつながりをふりかえろう	相手に伝える	いろいろな人と会話	いろいろな人と会話	・学級・学年終いの方法の共有
3	自己肯定力	一年の学びをふりかえろう	チャレンジ	自分で考え行動	積極的に参加	

（注）目標行動は表 4.3 のものを省略して表記。

65

学校全体の年間指導計画に基づいて，学年の実態に応じて生徒のどのような行動を学年全体で高めるのかを計画する。計画の際は，目標行動の一覧（**表4.2**）を参照しながら，1年間ですべての育成したい5つの力（資質・能力）が高まるようにしていく。さらにそれぞれの行動によって，目指す3つの姿（生徒像）の何を意識して計画するかということも重要であろう。高校の場合，1年生と3年生では，学習に対する意欲やキャリアプランニングにおいて実態が異なる。小学校においては1年生と5，6年生の高学年においては，発達段階も異なることから，さらに児童生徒の実態を見取りながら計画を行うことが求められるだろう。年度当初では暫定的に1年間の目標行動について計画を行うが，年度途中に適宜修正を加えることも有効である。

3. 目標行動に基づく教員の研修計画の立案

　年間を通した生徒指導を学校で機能させていくためには，すべての教員が着実かつ的確に生徒指導を遂行することが求められる。そのために大切なことが研修の実施である。研修には大きく分けて校内研修と校外での研修の2つある。

　校内研修は学校の生徒指導方針に基づいて，必要な知見や技能を全員で習得できる貴重な機会である。同じ内容を全員で学ぶために，実際の指導や支援で方法を共有しやすく，また研修で学ぶ中で共通言語も増加するため，実

表4.4　年間を通した校内研修の例

〈年度当初〉
・生徒指導方針を実現するための新しい指導・支援方法に関する研修
・児童生徒の理解を促進させる情報の共有に関する研修
・いじめ・トラブル等，生徒同士の関わりの問題に関する研修
・アセスメントアンケートの利用と活用に関する研修
〈夏季休業中〉
・特定の課題に対応するための教育的支援の在り方に関する研修
・学校全体で取り組みを推進するための実践計画に関する研修
・教員固有のスキルを学び合い，教員相互の親睦を深める研修
〈学期途中〉
・学校における個別の生徒指導に対するチーム支援の在り方に関する研修
・授業研究や授業における生徒指導や児童生徒支援に関する研修

践を通した専門性の深化も狙うことができる。実施に際しては，年間指導計画に基づいた実施内容と時期を調整する必要がある。

　また校内研修では，校務分掌に基づいた特定の教員を対象とした研修が行われることもある。校長はこういった教員の学びのニーズに応じられるように，研修予算の確保や研修時間の充実に努力しなければならない。

　校外での研修は主に教育委員会などによって主催される研修と，教員が自ら学びに行く自主研修という形がある。教育委員会が主催する研修は，自治体の教育の方向性に基づいて行われることが多く，この機会を通して小中学校の連携や，地域との連携が実現することがある。多くの教員が校外での研修に向かえるように，学校では授業時間の調整や研修の案内の共有を率先して行うことが求められる。

第4節　学校における生徒指導体制を機能させる ICT の活用

1. 生徒指導を機能させる，ICT 活用によるデータの共有

　生徒指導の取り組みは，なかなか成果が見えにくい。成果が見えないことによって，指導へのやりがいが現れないことから，一部の教員が生徒指導に消極的になったり，より結果が目に見えやすい不適切な指導に依存しやすくなってしまったりする。このようなことが，学校全体での生徒指導の難しさの原因となる。そこで重要なことは，学校における生徒指導に関する実態をアセスメントし，現況を把握し，課題と改善を明らかにすることである。

　そこで有効なこととして，ICT の活用によるアセスメントが挙げられる。中学校や高等学校の多くの学校では，問題行動等に対する指導（懲戒指導も含む）に関する情報が集約されているだろう。これを生徒指導アプリ（庭山 2021：大対 2022）を用いて処理を行うことで，どういった場面でどういった指導が行われているのかについて，**図4.3** のように，月別・曜日別・時間別・場所別などに整理してグラフ化することができる。これによって学校における生徒指導上の課題の早期発見が実現し，課題予防的な生徒指導を行ってい

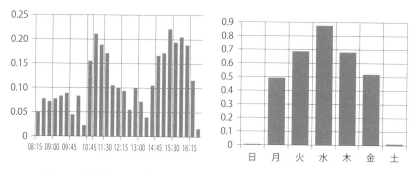

図4.3　生徒指導アプリで表示される時間別・曜日別の指導件数の例

くことができる。それらのデータと出欠情報や保健室利用情報などの校務系
データや，テスト結果や学習記録データなどの学習系データを組み合わせる
ことで，一人ひとりの児童生徒や学年・学級の状況を多角的にアセスメント
できることから，より学校における生徒指導体制の充実を図っていくことが
可能になる。さらにデータを継続的に収集することで，変容を見取ることも
可能になる。それによって具体的な取り組みの成果や課題についても明らか
にすることができ，データに基づいて改善を図ることもできる。

　このようにデータを活用し，学校の中で日々の生徒指導の実際が教員や児
童生徒にフィードバックされる環境をつくっていくことは，効果的な生徒指
導を実現するうえで非常に重要なのである。

2. 組織の協働を実現する，ICT 活用による会議運営

　成果と課題が明らかになったところで，それに基づく検討や取り組みの振
り返りなどの会議が一部の教員によって行われてしまうことは，チーム学校
による生徒指導の実践を妨げる。また，会議では職員同士で意見が対立して
しまったときや，意見が生まれないときなど，どうしてもスムーズに意思決
定ができず前例踏襲してしまったりする場面が生じることがある。さらに，
多数決によって決定してしまうことや，立場のある人（たとえば年輩教員や管
理職）が問題を判断してしまうなど，状況や参加者の面子に左右されて意思
決定がなされてしまうことがある。会議における意思決定の過程や手順をお

共有
・課題や議題を参加者で確認する

発散
・課題や議題に対して意見を出し合う

収束
・意見を整理する

決定
・課題や議題に対する答えを決定し，参加者の合意を得る

図4.4　ファシリテーションの流れ

図4.5　Googleフォームを活用した行事の振り返り

（出所）ある小学校の例をもとに作成

ろそかにして，短絡的に物事を進めても，結局その取り組みや活動は形骸的になってしまう。

　そこで，ここでは小学校における学校行事の振り返りを例に，ファシリテーションとオンライン上におけるツールを用いた会議運営方法を紹介する。**図4.4**はファシリテーションの流れである。「共有」では，現在の課題や，今回の会議の議題について確認を行う。「発散」はそれに対して教員から意見を集めていく。その際に活用するのがICTである。ここでは**図4.5**のようなGoogleフォームを利用した方法を提案する。

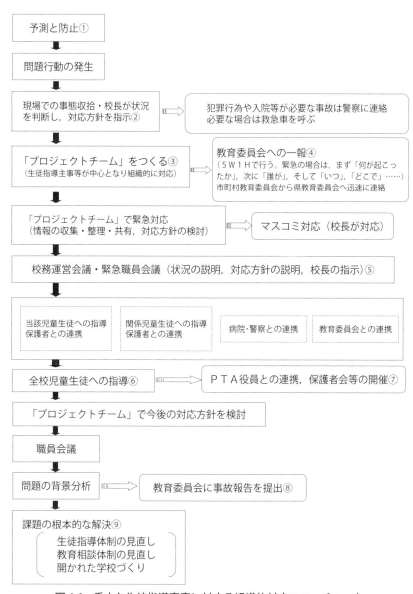

図 4.6　重大な生徒指導事案に対する組織的対応フローチャート

（出所）広島県教育委員会（2010）より転載

　フォームでは，所属，取り組みの時期，実施回数，具体的手立てなどについてすべての教員に発散してもらう。「収束」では，Google フォームの結果として表示される Google シートを活用する。教員の意見が一目で閲覧でき，しかも複数の参加者が同時に閲覧できることから議論がスムーズになる。

　「決定」では，Google シートを閲覧しながら，会議参加者に課題や議題に対する答えを出してもらい，意思決定を行っていく。この 4 つの手順により，すべての教員の意見に基づいて会議参加者は議論し，それらをもとに意思決定を行っていくことができる。そこでは初任者の教員の意見が参考になったり，一人の教員の意見ではあるが有益でとても参考になるものがあったりする。こういった工夫なく会議を運営してしまうと，若手の教員は発言の機会がなかったり，異なる意見をもつ教員は，意見を述べることを控えたりすることがあるかもしれない。このように教員が意見を常に表明しやすい環境を作っておくことは，教員同士が尊重し合える同僚性を構築していくうえでも有効だろう。

第 5 節　重大な生徒指導事案に対する組織的対応

　ここまでは主に，生徒指導上の問題を未然に予防するための生徒指導体制の構築に焦点をあてて整理してきた。しかし学校では，いじめ，暴力行為，非行といった問題など，重大な生徒指導事案が発生することもある。また，『生徒指導提要』では，重大な生徒指導事案は困難課題対応的生徒指導と位置付けられ，校内の教職員だけでなく，教育委員会，警察，病院，児童相談所との連携・協働による課題対応を求めている。事後対応の方法によっては，問題がさらに深刻化したり，児童生徒の心理的な負担が増してしまったり，さらには保護者や地域の不信感につながってしまう恐れもある。そういった問題の拡大を防ぐためにも，組織的対応を心がけて対応したい。

　図 4.6 は，広島県教育委員会が示す重大な生徒指導事案に対する組織的対応フローチャートである。重大な生徒指導事案が生じた際は，校長が中心と

なってその問題への対応に特化した「プロジェクトチーム」をつくり，そのチームが中心となって情報収集，整理，共有，対応方針の検討を行っていく。重要なことは問題に対して真摯に向き合い，児童生徒，保護者，地域との信頼関係を築くこと，さらに問題当事者以外の児童生徒や，教職員の心理的な動揺に配慮し，学校運営の平常化にも心がけることである。加えて，学校内で生じた問題に対して悲観的にとらえるのでなく，学校への信頼回復の機会ともとらえ，問題の解消，修復に向けた開かれた学校づくり，体制の見直し，再構築を行っていくことも大切である。

　当該児童生徒に対する指導においては，保護者との連携，関係諸機関との連携とともに，学校や社会から排除されないように援助することも重要である。なぜそのような問題に至ってしまったのか，教職員の見立てや専門家の知見を借りながら，学校復帰できるよう支えていくことも大切である。

［松山　康成］

● **考えてみよう！**

▶ 学校の生徒指導体制はどのようになっているだろうか。またどのような工夫によって組織的・機能的・効果的な対応が実現するのか考えてみよう。

▶ 学校全体の取り組みと学年や学級での取り組みの目的や方向性が合致していくために必要なことをまとめてみよう。

● **引用・参考文献**

大対香奈子（2022）「生徒指導アプリ Windows 版」日本ポジティブ行動支援ネットワーク

庭山和貴（2021）「生徒指導アプリ」日本ポジティブ行動支援ネットワーク

広島県教育委員会（2010）「改訂版生徒指導の手引き」

文部科学省（2017）「学校における働き方改革特別部会（第7回）配付資料」

文部科学省（2022）『生徒指導提要』

Sugai, G. & Horner, R.（2002）The evolution of discipline practices: School-wide positive behavior supports. *Child & Family Behavior Therapy*, 24, 23–50.

▶ 生徒指導体制と教育相談体制の違い

　生徒指導は，『生徒指導提要』において「児童生徒が，社会の中で自分らしく生きることができる存在へと，自発的・主体的に成長や発達する過程を支える教育活動」と示され，教育相談は学習指導要領において「一人一人の児童生徒の教育上の諸課題について，本人又は保護者などにその望ましい在り方について助言をするもの」と示されている。

　また『生徒指導提要』では，生徒指導は「主に集団に焦点を当て，学校行事や体験活動などにおいて，集団としての成果や発展を目指し，集団に支えられた児童生徒個人の変容を図るもの」とされ，教育相談は「児童生徒の個別性・多様性・複雑性に対応しながら，生徒指導の中核をなす教育活動」とも示され，両方が一体となったチーム支援が目指されることを求めている。よって双方の違いはあるものの，運用の観点では緊密な連続性・連帯性が求められる。

　具体的な方法としては，全体的な集団へのアプローチとしての生徒指導の取り組みが行われながらも，個々の課題に対応し続けられるアセスメントシートの活用や，複数の教員や専門家による多角的な見取りが必要となる。学校の教育課程の多くが集団を基本に行われることから，各教科や特別活動，道徳，総合的な学習の時間などを通した個と集団の発達を支える教育活動の実施が基盤となるが，そのうえでの個への注目は欠かすことができない。

　また，子どもの家庭や社会的背景にも目を向けながら，深刻な問題に発展する前の支援を実現するためにも，児童生徒が常時教育相談にアクセスできるように学校環境を整備しておくことも大切である。その充実には，教育相談の中心的な役割を担う教員だけでなく，生徒指導主事や教育相談コーディネーター，またスクールカウンセラー，スクールソーシャルワーカーといった人材との連携も含めたチーム学校を，学校長が中心となり構築することは必須である。これらの実現のためには，教員が日々の児童生徒理解を行ううえでの自身の視座（視点や認識の仕組み）に気づき，あらゆる段階において学び続ける姿勢が求められるだろう。　　　　　　　　　　　　　　［松山　康成］

第5章

児童生徒全体への生徒指導

●●● 本章のねらい ●●●

　本章では，児童生徒全体への生徒指導について，五つの観点（組織的取組の進め方，教員の責務と役割，学級担任が進める生徒指導，問題行動等の未然防止，安全・安心な学校づくり）から概説する。学校全体ですべての児童生徒に対して生徒指導を行う意義，学校の限界を自覚して，家庭や地域社会との連携を強化・推進する意識をもつことの重要性を学ぶことをねらいとする。

第1節　組織的取組の進め方

1. チームによる支援の考え方

　OECDによる教員環境の国際調査によれば，日本の中学校教員は，直近の「通常の一週間」の平均で，「指導（授業）に使った時間」（日本18.0時間，参加国平均20.3時間）は参加国平均より少ないのに対して，「課外活動の指導に使った時間」（日本7.5時間，参加国平均1.9時間）が比較的多く，日本の中学校教員の仕事が，授業以外の面で負担になっていることが明らかになった（国立教育政策研究所 2019）。また，文部科学省（2023a）の調査結果をみると，内容や領域等にもよるが，負担軽減が進んでいない面がある（**表5.1**）。中央教育審議会答申「新しい時代の教育に向けた持続可能な学校指導・運営体制の構築のための学校における働き方改革に関する総合的な方策について」

(2019) において，「教師の業務だが，負担軽減が可能な業務」に示された内容が，「既に実施した又は実施中」である割合を見るとそれが明らかである。

　こうした状況を鑑みると，依然として教員の負担は大きく，学校全体が組織的に取り組むことが求められているといえる。

　中央教育審議会答申「「令和の日本型学校教育」の構築を目指して～全ての子供たちの可能性を引き出す，個別最適な学びと，協働的な学びの実現～」(2021) では，教職員の姿として「教師と，総務・財務等に通じる専門職である事務職員，それぞれの分野や組織運営等に専門性を有する多様な外部人

表5.1　教育委員会における学校の働き方改革のための取組状況（抜粋）

	総計(%) (n＝1795)	都道府県(%) (n＝47)	政令市(%) (n＝20)	市区町村(%) (n＝1728)
給食時は，栄養教諭等と連携するほか，地域人材の協力を得ている	21.9	31.9	55.0	21.3
授業準備について，教師をサポートする支援スタッフの参画を図っている	74.9	78.7	100.0	74.5
学習評価や成績処理の補助的業務について，教師をサポートする支援スタッフの参画を図っている	42.4	46.8	80.0	41.8
学校行事等の準備・運営について，地域人材の協力を得たり，外部委託を図ったりするなど，負担軽減を図るよう学校に促している	53.2	66.0	90.0	52.4
進路指導のうち，就職先の情報収集等について，事務職員や支援スタッフ等の参画・協力を進めている	12.8	91.5	60.0	10.1
支援が必要な児童生徒等・家庭への対応について，スクールカウンセラー，スクールソーシャルワーカー，特別支援教育等の専門人材，日本語指導ができる支援員等の専門的な人材等の参画を図っている	97.5	100.0	100.0	97.5

（出所）文部科学省（2023a）より作成。

材や専門スタッフ等とがチームとなり，個々の教職員がチームの一員として
組織的・協働的に取り組む力を発揮しつつ，校長のリーダーシップの下，家
庭や地域社会と連携しながら，共通の学校教育目標に向かって学校が運営さ
れている」とされているが，まだ改善の余地はある。組織的な対応に関して，
教育振興基本計画（2023）では，指導体制について「質の高い教育の実現や
複雑化・困難化する教育課題に対応し，教師の負担軽減を図るためにも，校
長等のマネジメントの下，教諭はもとより，養護教諭，栄養教諭，事務職員
に加え，教員業務支援員やスクールカウンセラー，スクールソーシャルワー
カー等の支援スタッフが，連携・分担して役割を果たし，子供たちに必要な
資質・能力を身に付けさせることができる「チーム学校」を一層推進する」
と謳っている。これは，従来の校務分掌を発展的に再考するものであるとと
らえられる。教員は学習指導の専門家としての職務を遂行しながら，生徒指
導については，心理や福祉等の専門家と構成するチームの要としての役割を
果たすことが期待されているといえる。

2.　学校種間や学校間の連携

　幼稚園・保育所等の幼児教育機関から小学校への接続の問題として生じる
小1プロブレム，小学校から中学校への接続の問題である中1ギャップ，中
学校から高等学校への間で生じる中途退学の問題など，学校段階の移行に伴
い，移行先での適応に関わるさまざまな不適応に起因すると思われる問題が
表出している。学年別不登校児童生徒数が，小学6年生から中学1年生にか
けて大きく増加していることは象徴的である（文部科学省 2023b）。そうした
問題を未然に防ぐためには，学校種間の連携が重要である。

　ここでは中途退学に着目する。文部科学省（2023b）から学年・事由別中途
退学者数を整理した（表5.2）。いずれの学年においても，「学校生活・学業不
適応」「別の高校への入学を希望」が上位にあり，この2つの事由の合計は，
1年生で最も多くなっている（1年生68.7%，2年生64.4%，3年生55.1%）。また，
「別の高校への入学を希望」「専修・各種学校への入学を希望」「就職を希望」
「高卒程度認定試験受験を希望」の4つの事由を合わせて「進路変更」とする

表5.2　学年・事由別中途退学者（抜粋）

（単位：上段　人，下段　％）

	学業不振	学校生活・学業不適応	別の高校への入学を希望	専修・各種学校への入学を希望	就職を希望	高卒程度認定試験受験を希望	病気け が死亡	経済的理由	家庭の事情	問題行動等
1年生 (14,125人)	827	5,075	4,628	263	797	155	521	58	332	377
	5.8	35.9	32.8	1.9	5.6	1.1	3.7	0.4	2.4	2.7
2年生 (9,742人)	525	2,981	3,295	228	617	313	389	44	279	334
	5.4	30.6	33.8	2.3	6.3	3.2	4.0	0.5	2.9	3.4
3年生 (3,515人)	109	1,038	899	73	250	265	237	15	123	179
	3.1	29.5	25.6	2.1	7.1	7.5	6.7	0.4	3.5	5.1

（出所）文部科学省（2023b）より作成。

と，すべての学年で4割を超える（1年生41.4％，2年生45.7％，3年生42.3％）。

　中学生は，自己分析を踏まえたうえで入学前に進学先の高等学校のことを適切に理解する機会をもつことで，中途退学の未然防止につなげることができた可能性がある。また，高等学校の教員は，入学後に生徒の志向が変化し得ることを想定しながら生徒理解に努めることも不可欠であるといえる。

　『生徒指導提要』（2022a）には，新入生対応における中学校との連携に関して，「最初に理解しておくべきことは，入学後の高校生活への適応が中途退学の未然防止につながるということです。中学校から高校への移行は，一つの節目であり，接続とリセットを内包する機会となるため，円滑な移行が大変重要になってきます」とされている。中学校と高等学校との連携はもちろん，生徒が退学した学校と入学した学校が各種情報の共有をして，両校が連携してその生徒を支援することも必要である。また，小学校・中学校・高等学校における児童生徒の転校（いじめや不登校に起因した転校も含む）も同様で，学校間の連携が求められる。そうした連携を組織的・継続的に行うことが，中途退学等の生徒の不適応を未然に防止することにつながることを念頭に置いて対応することが肝要である。

第2節　教員の責務と役割

1.　教員の責務・研修

　学校がチームとなって，組織的に生徒指導にあたることの重要性は第4章や本章第1節で確認したとおりである。教員は，教科に関しては専門教科等において学習指導とあわせて生徒指導を行い，それ以外の教育課程の領域（特別の教科道徳，総合的な学習（探究）の時間，特別活動，外国語活動）や教育課程外の諸活動（部活動など）においても生徒指導は実施される。第1章でもみたように，「機能」としての生徒指導は，教員であれば誰もがさまざまな場面で指導できることが期待されている。生徒指導主事等校務分掌上の役割分担があるにせよ，すべての教員がすべての児童生徒のための生徒指導にあたることが原則である。

　その生徒指導を円滑・効果的に行うためには，大学の教員養成課程段階での知識・理論だけでは不十分であり，さまざまな研修を積むことが求められる。教育公務員特例法には，「その採用の日から一年間の教諭又は保育教諭の職務の遂行に必要な事項に関する実践的な研修」として初任者研修（第23条），「個々の能力，適性等に応じて，……その教育活動その他の学校運営の円滑かつ効果的な実施において中核的な役割を果たすことが期待される中堅教諭等としての職務を遂行する上で必要とされる資質の向上を図るために必要な事項に関する研修」として中堅教諭等資質向上研修（第24条），「児童，生徒又は幼児に対する指導が不適切であると認定した教諭等に対して，その能力，適性等に応じて，当該指導の改善を図るために必要な事項に関する研修」として指導改善研修（第25条）が示されている。こうした法定研修のほかに，日常的に行う校内研修や教育委員会による生徒指導等に関する専門的研修等を有効に活用することが求められる。こうした研修は，座学になりがちであるので，それを補完する意味でも，無理なく可能な範囲で児童生徒の生活の場である地域社会に出て，そこで行われる諸活動に参加することも重要である。学校の所在地と教員自身の居住地が同一でない場合はなおさらで

ある。地域社会の諸資源，すなわち，公民館や図書館，博物館等の社会教育施設を活用すること，そこにいる司書・学芸員などの専門職員と情報交換すること，警察関係者や民生・児童委員，自治会関係者等と面識をもって，ネットワークを構築することも，学校も含めた地域社会全体で組織的に生徒指導を進めるためには重要な責務である。

2. 部活動指導

　そうした地域とのつながりをもつことは，部活動指導にも活きてくる。部活動指導の充実に，地域社会との連携は不可欠であり，地域資源に熟知していることが求められる。学校教育法施行規則の一部改正により，2017年度より部活動指導員が新たに規定された。部活動指導員は，顧問となることが可能となり，実技指導はもちろん，学校外での活動の引率や保護者等への連絡，生徒指導に係る対応なども職務に含まれ，従来の外部指導者から一段階進んだ位置づけとなっている。

　スポーツ庁・文化庁「学校部活動及び新たな地域クラブ活動の在り方等に関する総合的なガイドライン」(2022) では，部活動指導員の活用も含めて，学校部活動の地域連携や新たな地域クラブ活動の在り方等が示されるなど，部活動の地域移行が推進されようとしている。ただ，スポーツ庁 (2022) によると，学校対象質問紙調査で「令和5年度以降の運動部活動の地域への段階的な移行に向けて，どのような取組を行っていますか」と聞いたところ，「実施していない」が8割を超えた。部活動改革に関する今後の動向が注目される。

3. 告発義務と守秘義務

　教員の責務として課せられた主な義務に着目すると，告発義務と守秘義務がある。告発義務は，刑事訴訟法第239条に「官吏又は公吏は，その職務を行うことにより犯罪があると思料するときは，告発をしなければならない」とされており，教職員も含めた公務員に課せられた義務である。

　生徒指導との関連では，児童生徒の暴力行為や器物破損，その他犯罪行為が発生した際に，告発義務が生じる。また，児童虐待への対応時にも援用す

ることができる。児童虐待の防止等に関する法律（以下，児童虐待防止法）には，学校・教職員に求められる義務が明示されており，「学校の教職員……は，児童虐待を発見しやすい立場にあることを自覚し，児童虐待の早期発見に努めなければならない」（第5条），「児童虐待を受けたと思われる児童を発見した者は，速やかに……福祉事務所若しくは児童相談所に通告しなければならない」（第6条）とされている。児童虐待防止法は2004年に改正され，「虐待を受けた児童」が「児童虐待を受けたと思われる児童」に改められ，ためらわず，速やかに通告することが求められるようになった。その際も，学校として通告することを勘案すると，管理職等と相談したうえで，組織的に対応することが重要になる。

　守秘義務は，地方公務員法第34条に「職員は，職務上知り得た秘密を漏らしてはならない。その職を退いた後も，また，同様とする」とされている。この秘密を守る義務と関連するのが，個人情報の保護に関する法律（以下，個人情報保護法）である。個人情報保護に敏感であることはよいが，過度に遵守しようとして，杓子定規な対応に終始することは慎むべきである。たとえば，家庭裁判所から学校照会があった場合である。少年法第8条「家庭裁判所は……審判に付すべき少年があると思料するときは，事件について調査しなければならない」「家庭裁判所は，家庭裁判所調査官に命じて，少年，保護者又は参考人の取調その他の必要な調査を行わせることができる」，同第16条「家庭裁判所は，その職務を行うについて，公務所，公私の団体，学校，病院その他に対して，必要な協力を求めることができる」とされている。個人情報保護法第27条は，「次に掲げる場合を除くほか，あらかじめ本人の同意を得ないで，個人データを第三者に提供してはならない」とし，法令に基づく場合が掲げられている。少年法はこの法令に相当するため，家庭裁判所からの照会に対応する義務が生じ，生徒に関する情報を伝えても個人情報保護法違反にはならないのである。

　告発義務，守秘義務とも，関係法規を熟知することは不可欠であるが，生徒指導関連の多種多様な具体的事例と関連づけて，柔軟な運用ができるように意識することも同様に必要である。

4. 説明責任

　告発義務，守秘義務と同様に学校現場で求められるものが説明責任である。行政機関の保有する情報の公開に関する法律で，「国民主権の理念にのっとり，行政文書の開示を請求する権利につき定めること等により，行政機関の保有する情報の一層の公開を図り，もって政府の有するその諸活動を国民に説明する責務が全うされるようにするとともに，国民の的確な理解と批判の下にある公正で民主的な行政の推進に資することを目的とする」（第1条）とされて以来，学校に対しても説明責任が求められるようになってきた。

第3節　学級担任が進める生徒指導

1. 学級経営・ホームルーム経営と生徒指導

　学校生活の充実化を図るためには，個々の児童生徒が所属する学級・ホームルームが居心地の良い場所となることが望まれる。そのためには，学級担任がどのような学級経営・ホームルーム経営をするかが重要であり，その意味で，学級経営・ホームルーム経営と生徒指導は関連が強い。

　両者は相互補完的・相互還流的な関係としてとらえることができる。教育課程内外のさまざまな領域につながりながら機能する点で共通しており，重なる部分が多い。学級経営・ホームルーム経営が円滑に行われることで生徒指導が充実し，また，その逆も成り立つ。

　学級経営・ホームルーム経営，生徒指導とも，すべての児童生徒を対象に行われることが原則であるが，一部の児童生徒を対象に，問題行動が発生しないように事前に対策を講じることや課題の早期発見・早期解決を図る対応をすること，あるいは，個別的な配慮が必要となる特定の児童生徒を対象に課題解決に向けて援助する場合があることも念頭に置く必要がある。

2. 学級経営・ホームルーム経営のための児童生徒理解

　学級経営・ホームルーム経営，生徒指導ともに，まずは児童生徒を理解す

ることが求められる。児童生徒の興味・関心，それまでに培ってきた人間関係，生まれ育ってきた教育環境等々，理解を深める観点は多様であり，それに伴い，児童生徒個々に対する理解を深めるためのアプローチも異なる。また，児童生徒の発達に合わせて，継続的・長期的視野に立って行うことが求められることもある。そのように考えると，児童生徒理解は容易にできることではないが，それが適切になされてこそ効果的な学級経営・ホームルーム経営が可能となる。

　学習障害や注意欠陥多動性障害，自閉症等の発達障害を有する児童生徒，不登校や問題行動のある児童生徒についての理解も必要となることがあるので，学級担任はとくに，特別支援教育やさまざまな教育病理現象について，一定程度の理論を習得し，実践を重ねることが求められる。児童生徒理解に関連して，ハロー効果に留意する必要がある。ハロー効果とは後光効果，光背効果ともいわれ，ある一部分をみてそれが優れて（劣って）いると，その他の部分も同様に優れて（劣って）いると評価する現象である。児童生徒をあらゆる側面から継続的に観察して理解を進めるためには，学級担任一人ではなく複数の教員や保護者等からの情報も加味して全人的にとらえる意識をもつことが重要である。

3.　学級経営・ホームルーム経営のための人間関係づくり

　児童生徒に限らず，誰しもそうであると思うが，新しい環境で生活・学習をスタートする際には，緊張とストレスを感じるものである。学級・ホームルームの構成メンバー間の相互理解がなされていない状態でも同様であるが，それは見方を変えれば，相互に偏見をもつことなく，お互いをありのままに受け入れるには絶好の機会でもある。学級担任が創意工夫し，効果的な"出会いの演出"をすることで，人間関係づくりが円滑に始まるのである。

　出会いの段階を経て，児童生徒同士の相互理解・交流が進展していくわけであるが，学級担任としては児童生徒にどの程度任せるのか，あるいは，どの程度学級担任が主導して働きかけるのか，働きかけも直接的なものか間接的なものか，その内容とタイミング，バランスを見極めることが人間関係づ

くり，学級経営・ホームルーム経営に大きく影響する。

4. 学級担任・ホームルーム担任が行う生徒指導

　児童生徒と時間・空間を共有する頻度の高い学級担任だからこそ，児童生徒のさまざまな言動を目にすることも多い。機会をとらえて，適切に，また，例外なく対応することが求められる。児童生徒によって，時間によって，あるいは学級担任の気分によって指導方針が左右され，変わってしまうようでは，児童生徒の規範意識にも揺れが生じてしまうので，留意する必要がある。

　小学校では学級担任制の特性を活かして，授業を通して生徒指導を進めることができる。小学生という発達段階では，授業がわかるということが自己肯定感の涵養につながり，その自己肯定感を獲得できる場としての学級に魅力を感じ，その学級への所属意識も高まる。学級担任にしてみれば魅力ある学級づくり，わかる授業を核とした学級経営を展開することが責務となる。

　教科担任制の中学校・高等学校では，小学校のように授業から学級経営や生徒指導につなげるというよりは，学級経営・ホームルーム経営や生徒指導の内実を授業に反映させるという視点をもつことが求められる。中学生・高校生が，社会的自立や社会性の獲得を体感することができれば，精神的・情緒的安定につながり，自ずと授業への集中度も高まるものである。

5. 開かれた学級経営・ホームルーム経営

　学級経営・ホームルーム経営にしても，生徒指導にしても，学級担任が一人で抱え込んでいては効果的な実践は困難である。学級経営・ホームルーム経営が順調に進んでいる時は同僚教員や保護者などにそれを伝え，ノウハウの蓄積や共有化を図ることが望まれる。反対に問題があり学級経営・ホームルーム経営に支障をきたしている場合，心情的には“開く”ことに抵抗があることは理解できるが，その状態が深刻化する前に，改善へつなげるために，“開く”勇気をもつことが必要である。日頃から“開く”ことを意識的にしていれば過度の抵抗もないであろうし，場合によっては，第三者が順調なケースとそうでないケースの両方を知ることで，問題解決につなげやすくなり，

さらにはより効果的な学級経営・ホームルーム経営に寄与するような知見が提示されることがあり得る。学級経営・ホームルーム経営に限ったことではないが，“開く”意識をもち，実践することが重要である。

第4節　問題行動等の未然予防

1．基礎的な生活習慣の確立

　児童生徒が，学習の場であり，生活の場でもある学校でさまざまな活動を有意義なものにできるか否かは，基礎的な生活習慣が定着しているかに左右されるといっても過言ではない。たとえば，朝，自分で起きて身仕度をすること，朝食をとること，家族・近隣の人々・学校の仲間とあいさつができること，交通ルールを遵守すること，遅刻しないで登校すること等至極当たり前のことがあげられる。学級・ホームルームや学校での自分の役割に対して責任をもって遂行すること，忘れ物なく授業に臨むことなども含まれる。こうした当たり前のことができていれば，生徒指導上の問題が発生することは多くはないはずである。しかし，それができていないために，諸問題が生起するのである。朝食を例にとって現状をみてみる。

　国立青少年教育振興機構（2021）によると，「朝，食事をとること」について，「必ずしている」割合は，小学4年生89.1％，小学5年生87.6％，小学6年生86.6％，中学2年生80.7％，高校2年生75.6％となっており，学年進行に伴って少なくなっている。中学2年生のデータ（「不明」を除く）で，朝食摂取（「朝，食事をとること」）と「ルールを守って行動する」をクロス集計したところ，「必ずしている」生徒の方が，「ルールを守って行動する」で「とても当てはまる」とする回答が多かった（図5.1）。

　朝食を食べるということは，その時間が確保できているということであり，その後の身支度や登校などにも時間的な余裕をもつことが可能となる。そのゆとりがルールを守ること（たとえば，信号無視や無理な横断をしないこと等）に影響を与えていると考えられる。

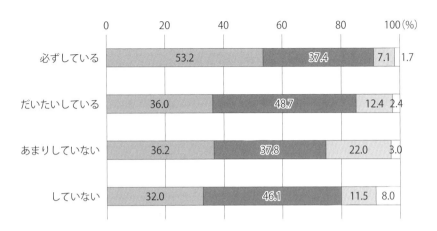

（出所）国立青少年教育振興機構（2021）より作成。

図 5.1　「朝，食事をとること」×「ルールを守って行動する」

　また，同じく中学 2 年生のデータで，朝食摂取（「朝，食事をとること」）とと「今の自分が好きだ」のクロス集計では，「必ずしている」生徒ほど，「今の自分が好きだ」について肯定的な回答をする割合が高かった（**図 5.2**）。

　食事をする際には，家族等との会話があることが想定される。その会話が成立するためには，相互に存在を認め合い，尊重し合うことが必要である。それが，朝食時にできていることは，自分が家族から大切にされていることを感じることにつながり，「今の自分が好きだ」と思うことができるようになっていると考えられる。

　このように，朝食摂取が規範意識や自己肯定感と好ましい関係にあることが示されていることを勘案すると，朝食摂取を励行するだけでも，生徒指導に一定の効果がある。今日，「早寝早起き朝ごはん」国民運動が展開されているが，こうしたデータに裏づけられた取り組みであるといえる。しかしながら，学校だけでは対応に限界があり，家庭の理解・協力が不可欠であることも事実である。朝食に限らず，基礎的な生活習慣に関する事項はいずれも同様である。マナーやルールに関わることなど，地域社会と連携した指導が

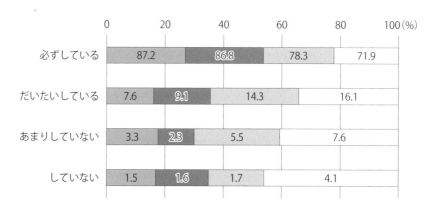

図 5.2　「朝，食事をとること」×「今の自分が好きだ」

（出所）国立青少年教育振興機構（2021）より作成。

必要なものもある。学校・家庭・地域社会が一体となって，組織的に児童生徒に基礎的な生活習慣の涵養を促すように働きかけることが求められる。

2. 規範意識の醸成

　教育基本法第6条をみると，学校において教育の目標が達成されるよう「教育を受ける者が，学校生活を営む上で必要な規律を重んずるとともに，自ら進んで学習に取り組む意欲を高めることを重視して行われなければならない」とされている。また，学校教育法第21条には，義務教育の目標として，「学校内外における社会的活動を促進し，自主，自律及び協同の精神，規範意識，公正な判断力並びに公共の精神に基づき主体的に社会の形成に参画し，その発展に寄与する態度を養うこと」が示されている。こうした規範意識の涵養に関して，これまでどのような政策が展開されてきたのか概観すると，教育基本法改正を境にして，規範意識のとらえ方に変化があったといえよう（林2017）。改正前では，規範意識について，ルールや規則といった規範の遵守に力点が置かれており，非行防止と関連づけて論述される傾向が強かった。一連の施策の提言がすべての生徒を対象にしたものとなっているものの，そのスタンスとしては課題予防的生徒指導のアプローチが採られていた。他方，

改正後では，部分的に改正前と同様，非行防止等への言及もなされているが，全体としては，すべての生徒を念頭に置いた発達支持的生徒指導のアプローチとなっている。とくに，安全教育や学校・家庭・地域社会との連携を鍵概念にしながら，生徒指導と関連づけて論じられている。

　その規範意識を具体的にどのように育てるかが重要である。国立青少年教育振興機構（2021）では，自然体験（「海や川で泳いだこと」「夜空いっぱいに輝く星をゆっくり見たこと」「野鳥を見たり，鳴く声を聞いたこと」など9項目）を得点化して5段階に分類し，また，道徳観・正義感（「バスや電車で体の不自由な人やお年寄りに席をゆずること」「友だちが悪いことをしていたら，やめさせること」など4項目）も同様に5段階に分類して，両者の相関関係が検証されている。その結果，自然体験が多い群ほど，道徳観・正義感の高得点群が多いことが示された（図5.3）。

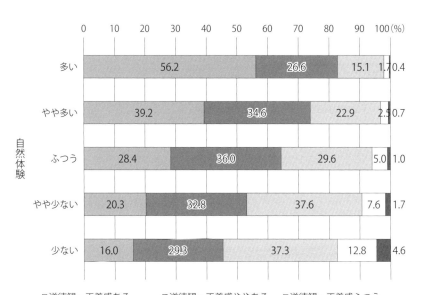

図5.3　「自然体験」と「道徳観・正義感」の関係

（出所）国立青少年教育振興機構（2021）より作成。

　自然体験では，そこで関わる対象（動植物や他者など）との関係性が重要で，適切な判断や協調性が求められる。自然体験を通してそうした感覚を習得することが，規範意識の育成につながっていると考えられる。

　規範意識の育成に有効であることがわかった自然体験であるが，今日の教育課程の中で実践するには限界がある。家庭や地域社会と連携して体験の場・機会を確保・提供することが求められる。

第5節　安全・安心な学校づくり

　日本スポーツ振興センター（2022）によると，学校種別災害（負傷・疾病）の発生件数および発生率は，小学校294,738件・4.72％，中学校251,865件・7.74％，高等学校等210,547件・6.42％となっている。給付対象になっていないケースも含めるとさらに多くなることは容易に推察され，学校生活は災害と背中合わせであるといっても過言ではない。

　児童生徒の安全・安心について，学校教育法第21条には，「健康，安全で幸福な生活のために必要な習慣を養うとともに，運動を通じて体力を養い，心身の調和的発達を図ること」，学校保健安全法第26条には，「学校の設置者は，児童生徒等の安全の確保を図るため，その設置する学校において，事故，加害行為，災害等により児童生徒等に生ずる危険を防止し，及び事故等により児童生徒等に危険又は危害が現に生じた場合において適切に対処することができるよう，当該学校の施設及び設備並びに管理運営体制の整備充実その他の必要な措置を講ずるよう努めるものとする」とされている。

　これらに関連して，文部科学省（2019）は，学校における安全教育の目標を3点示している。

○様々な自然災害や事件・事故等の危険性，安全で安心な社会づくりの意義を理解し，安全な生活を実現するために必要な知識や技能を身に付けていること。

○自らの安全の状況を適切に評価するとともに，必要な情報を収集し，安全

な生活を実現するために何が必要かを考え，適切に意思決定し，行動する
ために必要な力を身に付けていること。

○安全に関する様々な課題に関心をもち，主体的に自他の安全な生活を実現
しようとしたり，安全で安心な社会づくりに貢献しようとしたりする態度
を身に付けていること。

　1点目に関して，文部科学省（2022b）によると，学校安全の指導について，
生活安全（防犯含む），災害安全，交通安全とも，90％以上の学校で指導され
ている。また，40％以上の学校はデジタル技術を活用した安全教育を実施し
ている。特定の指導方法等ではなく，さまざまな学習方法を用いて指導する
ことで学校における安全教育はより実効性のあるものになることが期待され
るため，指導計画に即した綿密な事前・事中・事後指導が不可欠である。

　2点目については，インターネット利用に着目しよう。内閣府（2023）は，
インターネットを使っていて経験したことを複数回答で聞いたところ，「悪
口やいやがらせのメッセージやメールを送られたり，書き込みをされたこと
がある」が最も多いこと，インターネットの危険性に関して知りたい学習テー
マの上位に「セキュリティに関する問題」「インターネット上のコミュニ
ケーションに関する問題」があがっていること，インターネットの危険性に
関する学習内容や形式として「インターネットに関するトラブルについて，
実例を紹介してほしい」が最上位であることを明らかにした。こうした現況
を勘案すると，インターネットを中心とした SNS の利用について，トラブ
ル回避を意識した情報活用能力の育成，安全な利用のための情報モラル教育
の推進が重要である。

　3点目について，文部科学省（2022c）は，学校における教育手法の改善に
関して，「主体的に行動する態度や危険を予測し回避する能力を育成するこ
とや，安全で安心な社会づくりに貢献する意識を高めることを目指した教育
手法（たとえば，ロールプレイングの導入，安全マップの作成，児童生徒等が参
加する安全点検など）の開発・普及を行うこと」を求めている。児童生徒が安
全を自分事として認識するための主体的・対話的で深い学びが求められる。
現況を鑑みると，児童生徒が身近な問題としてとらえているインターネット

利用を題材に，横断的・総合的な学習を進めることが有効である。

［林　幸克］

● **考えてみよう！**

　▶ 問題行動等の未然防止のために有効な方途は何か，根拠となるデータ等を示して説明してみよう。

　▶ 学級・ホームルーム担任の行う生徒指導をより実効性のあるものとするためには，どのような視点・工夫が必要となるか説明してみよう。

● **引用・参考文献**

国立教育政策研究所（2019）『教員環境の国際比較　OECD 国際教員指導環境調査（TALIS）2018 報告書』ぎょうせい

国立青少年教育振興機構（2021）「青少年の体験活動等に関する意識調査（令和元年度調査）報告書」

スポーツ庁（2022）「令和 4 年度　全国体力・運動能力，運動習慣等調査報告書」

内閣府（2023）「令和 4 年度　青少年のインターネット利用環境実態調査報告書」

日本スポーツ振興センター（2022）「令和 3 年度（2021 年度）　災害共済給付状況」

林幸克（2017）『高校生の市民性の諸相』学文社

文部科学省（2019）「学校安全資料　「生きる力」をはぐくむ学校での安全教育」

文部科学省（2022a）『生徒指導提要』

文部科学省（2022b）「学校安全の推進に関する計画に係る取組状況調査〔令和 3 年度実績〕」

文部科学省（2022c）「第 3 次学校安全の推進に関する計画」

文部科学省（2023a）「令和 5 年度　教育委員会における学校の働き方改革のための取組状況調査結果」

文部科学省（2023b）「令和 4 年度　児童生徒の問題行動等生徒指導上の諸問題に関する調査結果について」

● COLUMN ●

▶ 子どもの貧困

　「令和 4 年度　児童生徒の問題行動・不登校等生徒指導上の諸課題に関する調査結果について」(2023) によると，不登校児童生徒の在籍学校の割合が小学校 80.4%，中学校 93.0%，高等学校 82.7%，いじめを認知した学校の割合が小学校 90.1%，中学校 85.1%，高等学校 57.2% となっている。いじめについて 1,000 人あたりの認知件数から計算すると，小学校 11 人に 1 人，中学校 29 人に 1 人，高等学校 204 人に 1 人である。不登校について発生率から算出すると，小学校 59 人に 1 人，中学校 17 人に 1 人，高等学校 49 人に 1 人である。

　別のデータをみてみよう。「通常の学級に在籍する特別な教育的支援を必要とする児童生徒に関する調査結果について」(2022) では，「知的発達に遅れはないものの学習面又は行動面で著しい困難を示す」とされた児童生徒の割合が，小学校・中学校 8.8%（11 人に 1 人の割合），高等学校 2.2%（45 人に 1 人の割合）であることが明らかにされた。2019 年国民生活基礎調査では，子どもの貧困率が 13.5%（7 人に 1 人の割合）であることが示された。学級に発達障害の児童生徒が 3 人程度，貧困の児童生徒が 5 人程度いても不思議ではない状況である。ここでは子どもの貧困に着目したい。子どもの貧困対策の推進に関する法律（2014 年 1 月施行）に基づき，「子供の貧困対策に関する大綱」(2014 年 8 月閣議決定) が定められて以降，法律の改正も含めて諸施策が講じられてきた。

表　子ども全体と生活保護世帯の子どもの進学率等の比較（平成 30 年）

（単位：%）

	高等学校等進学率	高等学校等中退率	大学等進学率
子ども全体 [1]	98.8	1.4	54.8
生活保護世帯の子ども [2]	93.7	4.1	36.0

(出所) (1) 文部科学省 (2018)，平成 30 年度学校基本調査・文部科学省 (2019)，平成 30 年度児童生徒の問題行動・不登校等生徒指導上の諸課題に関する調査結果について
(2) 内閣府 (2019)，「子供の貧困対策に関する大綱」に示された「子供の貧困に関する指標」の直近値

　しかし，表を見ると，生活保護世帯の子どもの進学率が低いことが明らかである。とくに，大学等進学率が 20 ポイント近く低いことは看過できない。貧困を理由に子どもの学ぶ機会が制限されることは回避しなければならない。そうとらえれば，子どもの貧困は進路指導の在り方を問う問題であるといっても過言ではない。『生徒指導提要』(2022) で経済的困難を抱える子どもへの支援について言及されているように，すべての教員は，今日的問題としての貧困とそれに関わる奨学金や就学援助等の諸制度について知識・理解を深め，多面的にすべての子どもの支援をすることが求められている。　　　　［林　幸克］

第6章

いじめ

● **本章のねらい** ●

　本章の目的は，いじめについての理解を深め，その理解を生徒指導の中で活かすことができるようになることである。日本では 1980 年代にいじめが社会問題として取り扱われるようになってから，さまざまなアプローチからいじめのメカニズムの解明が試みられ，その解決方法が論じられてきた。しかしながら，多くの人が実感しているように，今なお，いじめ問題が完全に解決されたとはいいがたい。では，なぜいじめ問題は，これだけ多くの人に社会問題として認識されていながら，解決に至らないのだろうか。本章では，いじめ問題を取り巻く論点を整理し教師としてどのように対応していけばよいのかを学んでいく。

第1節　いじめとはなにか？

　いじめが社会問題化したのは，1980 年代のことであり，具体的には東京都中野区立富士見中学校で起こったいじめ自殺事件が発端だと言われている。この事件では，被害者が「葬式ごっこ」と呼ばれるいじめを受けていたことがマスメディアで報道され，世間の関心を呼んだ。「葬式ごっこ」とは，いじめられている生徒の机に花を置き，クラスのみんなが葬式を行うというもので，後に教師もこの「葬式ごっこ」に参加していたということがわかり，

大きな話題となった。

　もちろん，この事件以前にも私たちが現在「いじめ」と呼んでいるような
ことはあったのかもしれないが，こうした衝撃的な事件の報道をきっかけと
して「いじめ」は自殺に結びつきうるような深刻な問題だということが世間
で共有されていったということが指摘されてきている（間山 2002 など）。

　これらのいじめ事件報道は，結果として，多くの学校教育関係者の不安を
煽ることになり，いったいどの学校でいじめが起こっており，どの学校では
起こっていないのか傾向を把握しようという動きが出てくる。それが 1985
年のことだ。文部省（現文部科学省）が行ったこの調査は，今なお継続して行
われており，いじめの認知件数の推移を知るのに有用な資料となっている（図
6.1）。

　この調査の結果を見ると，いじめの認知件数の推移は，ある特定の年に不
自然に増加し，その後徐々に減少傾向に転じるということを繰り返している
ことがわかる。では，この不自然な増加を示す 1985 年，1994 年，2006 年，

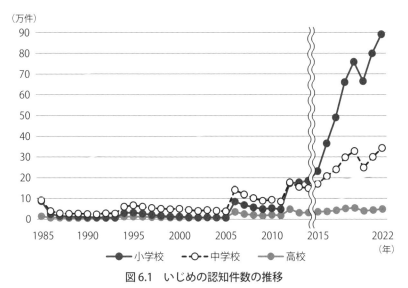

図 6.1　いじめの認知件数の推移

（出所）文部科学省（2023）をもとに作成。

2012年には，どのような共通点があるのだろうか。

　なお，2015年以降，いじめが急増しているように見えるが，これは2015年に「平成26年度児童生徒の問題行動等生徒指導上の諸問題に関する調査結果について」（平成27年12月22日付け児童生徒課長通知）により，いじめの認知を学校に積極的に促した影響だと考えられる。ゆえに，2015年度までの結果とそれ以降の認知件数の解釈には，注意が必要である。

1.　いじめ事件への注目度合いの高さ

　一つめの共通点としては，この不自然な増加を示す四つの年の直前に，新聞やテレビなどを賑わせた，いじめを原因とした出来事が起こっているということがあげられる。まず1985年には先に説明した「葬式ごっこ事件」と呼ばれるいじめ自殺事件が果敢に報道されて，いじめが社会問題化されたし，1994年には山形の中学生が体育館用具室内でマットにぐるぐる巻きになって発見された「山形マット死事件」が起こった。次の2006年には担任にいじめを相談したものの担任教師が相談内容をいじめ加害者に漏らし，被害者がそのことを苦にして自殺した「福岡中2自殺事件」が，そして2011年には同級生が何度もいじめを教師に報告しているにもかかわらず，学校が一貫して「いじめの事態に気付いていなかった」と記者会見して話題になった「大津いじめ自殺事件」が起こっている。

　いずれの事件もまた，学校教育関係者のみならず，広く社会から関心を寄せられた事件であり，これらの事件が報道されることにより，学校現場ではいじめの対応に一層注意を促し，その結果としていじめの認知件数が急激に増加したのだと考えることができる。これが，いじめの認知件数が増加した年に見られる一つめの共通点である。

2.　いじめの定義の変遷

　そして二つめの共通点は，先に説明した一つめの共通点とも重なるところがあるのだが，世間を賑わす一連のいじめ事件報道によって，いじめへの注目度合いが高まるにつれ，文部省（現文部科学省）がいじめの定義を改正して

いったという点である。このことにより，学校教育現場では自分の学校で本当にいじめが生じていないか，あらためて確認することが求められた。では，具体的に，いじめの定義はどのように変遷していったのだろうか。

　まず調査が進められた当初の1985年時点では，いじめの定義は「①自分よりも弱い者に対して一方的に，②身体的・心理的な攻撃を加え，③相手が深刻な苦痛を感じているものであって，学校としてその事実を認識しているもの。なお，起こった場所は学校の内外を問わない」となっている。当初の定義では，「学校としてその事実を認識している」ことが重要なのであって，学校や教師が認識できていないものは，いじめの件数から除外されていたことがわかる。

　次の1994年の定義では，「①自分より弱い者に対して一方的に，②身体的・心理的な攻撃を継続的に加え，③相手が深刻な苦痛を感じているもの。なお，起こった場所は学校の内外を問わない。」というように改められた。ここでは以前と比べ，それほど変化してはいないが，「学校としてその事実を認識しているもの」という一文が削除され，学校側がいじめとして認識していなくても，いじめとして認識されるようになった。

　そして2006年の定義では，「①一定の人間関係のある者から，②心理的・物理的な攻撃を受けたことにより，③精神的な苦痛を感じているもの。なお，起こった場所は学校の内外を問わない」となった。ここでの変化の特徴は，これまでにあった「自分より弱い者に対して一方的に」という文面が「一定の人間関係のある者から」という文面に変更されたことである。自分より何が「弱い」のか，そして「一方的」であったかどうかは別として，もともと面識のある関係性の中で「心理的・物理的な攻撃」を加えられた場合には，いじめとして認められるようになっていった。

　最後に2024年現在もなお継続して用いられている2012年の定義では，「①児量生徒に対して，当該児童生徒が在籍する学校（小学校，中学校，高等学校，中等教育学校及び特別支援学校）に在籍している等当該児童生徒と，②一定の人的関係にある他の児童生徒が行う心理的又は物理的な影響を与える行為（インターネットを通じて行われるものを含む。）であって，③当該行為の対象とな

った児童生徒が心身の苦痛を感じているもの」となっている。文面に大きな変化はないものの，携帯電話やスマートフォン，インターネットの普及に伴って急激に増加した，いわゆる「ネットいじめ」もまた旧来のいじめと同様に深刻な事態を引き起こしうるものとして，補足が加えられている様子が見て取れる。

　これら一連のいじめの定義の変遷の特徴は，どの時点においても，一貫して定義が拡張されていき，いじめの被害者やその目撃者の訴えが，よりいじめとして認識されやすくなっていることにある。この定義の拡張により学校現場では，定義が改正された際には，これまで見落としていたいじめはないか，ということに一層注意を払うようになり，その結果として定義が改正された年には，いじめの認知件数が増加するということが考えられるだろう。これが二つめの共通点である。

　これら二つの共通点より，いじめの認知件数は，実際のいじめの「発生件数」を表すというよりは，むしろ文字通りの「認知」されているいじめの件数を表していると解釈した方が妥当なため，混同しないよう注意が必要である。

第2節　いじめの構造

　日本では，いじめが社会問題として認識されてから，多くの人がいじめ問題を深刻に受け止め，学校現場での早期発見・早期解決を目指してきた。そのため，初期の研究では，いじめがなぜ起こるのか，どのような児童生徒が加害者になりやすく，どのような生徒が被害者になりやすいのかという検証が進められてきた。被害者の内向的な性格が原因なのではないかとか，加害者のストレスが原因なのではないかといった検証はもちろんのこと，残酷な描写があるアニメやテレビゲームの影響などさまざまな仮説が立てられ，検証が行われた。

　その結果，現在では被害者と加害者の特定は難しいという結論に至ってい

ることが多い。というのも，ある学年ではいじめの加害者だった児童生徒は
クラス替えを経て被害者になったり，逆に被害者が加害者になったりといっ
た入れ替わりがそれほど珍しくないことがわかってきたからである。周囲の
環境や時間の変化によって，いじめを取り巻く立場も変化するとなると，両
者の特徴を特定することは難しいのではないかという結論に至ったというわ
けだ。よって，すべての加害者に有効な生徒指導や，すべての被害者に有効
な心のケアの手法というものは存在しないことに留意しなければならない。

1. いじめの構造

　そしてその後，いじめに関わる児童生徒の特定は難しくても，いじめが成
立しうる構造は同じなのではないかという仮説のもと「いじめ集団の四層構
造論」が提唱された。その提唱者である森田洋司・清水賢二（1994）によれば，
いじめを成立させるには，「加害者」と「被害者」はもちろんのこと，両者
の関係性をはやし立てる「観衆」とそれ見て何もしない「傍観者」の四層が
必要であり，その四層が成り立たなければいじめもまた成り立たないという
ものだ（図6.2）。そして，もし「傍観者」が「仲裁者」に変化することがで
きれば，いじめはいじめとして成立しないのではないかということが指摘さ
れた。

　実際，その後の研究によって，この「いじめ集団の四層構造論」は，質問
紙調査やインタビュー調査の分析などからその確からしさが検証されてきて

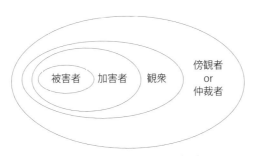

図6.2　いじめ集団の四層構造

（出所）森田洋司・清永賢二（1994）をもとに作成。

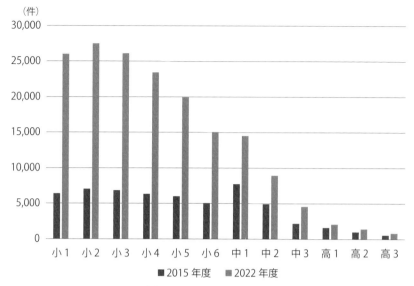

（件）

図 6.3　学年ごとのいじめ発生（認知）件数

（出所）文部科学省，平成 27 年度・令和 4 年度「児童生徒の問題行動等生徒指導上の諸問題に関する調査」（文部科学省 HP）をもとに作成。

おり，今現在もなお支持されているすぐれた理論だといわれている。

　とくに日本のいじめは中学 1 年生で頻発し，徐々に減少傾向に転じることが知られてきたが（**図 6.3** の 2015 年参照），その理由の一つとして考えられているのが，小学生時に「仲裁者」であった者が，中学校進学後に「傍観者」になるということである（橋本 1999）。この「仲裁者」の減少と「傍観者」の増加がいじめの深刻化につながるという検証結果からもまた，いじめ集団の四層構造論の確からしさをうかがい知ることができる。なお，中学 2 年生以降では，いじめは減少傾向に転じる。

2.　いじめの様態とそれぞれの傾向と対策

　次にいじめの様態について確認する。実はいじめという言葉は，さまざまな様態をまとめて指す言葉であるにもかかわらず，社会的関心の強さゆえに強引に「いじめ」という一つの言葉にまとめられて語られてしまうという危険性を孕んでいる。つまり，誰かがいじめを受けていると聞いたときに，頭

の中に思い浮かべるいじめの様態や深刻さがその人自身の経験に大きく依存してしまい，それゆえ実態の把握や解決方法を論じるときに齟齬が生じてしまうことがあるということだ。もし，あなたがこれから，いじめの解決を目指していじめ問題に真摯に対処しようとするならば，いじめの様態をある程度区別して，その対策を講じる必要がある。

　では，いじめの様態はどのように区別することが可能だろうか。社会学者の内藤朝雄（2008）によれば，日本のいじめの特徴は，「暴力系」のいじめではなく，「コミュニケーション操作系」が主流であるという。本章では，この二つの区別を参考にして，それぞれのいじめの様態についての考察を行っていこう。

　内藤の区分にある「暴力系」のいじめとは，文字通り「殴る・蹴る」「金銭を脅し取る」といったような身体的・物理的な攻撃を加えるいじめであり，「コミュニケーション操作系」のいじめとは，無視やからかい，悪い噂を流布させるといったような加害者が直接手を下さずに被害者を貶めるようないじめだとされている。内藤は，「暴力系」のいじめにおいては，いじめかどうかという問題よりもまず法に触れる行為が行われているのだから，警察が介入することにより解決できるのではないか，ということを提唱している。

　学校はいじめ問題に対して，学校内で解決しようとする傾向があり，それゆえ明らかな違法行為であったとしても，外部の介入が遅れ，問題が深刻化してしまうというケースがいくつか報告されている（瀬田川 2015 など）。学校で対策を講じること自体は必要だが，明らかな違法行為が行われており，学校内での対処が難しい場合には，早期に警察に被害届を提出する等，外部に助けを求めることが被害者を守る有効な手立てとなることを常に念頭に置いておく必要がある。

　そして「コミュニケーション操作系」のいじめに関して内藤は，法に触れているかどうかの判断が難しいものが数多くあり，そのため短期の解決は難しいのではないかと指摘している。では日本で多く見られるという「コミュニケーション操作系」のいじめはどの程度頻発しているのだろうか。

　ここであらためて，文部科学省が実施する「いじめの様態」調査の結果を

確認しよう（**表6.1**）。これを見ると，いずれの学校段階においても，「冷やかしやからかい，悪口や脅し文句，嫌なことを言われる」という区分が最も多く（57.4%），次に多い「軽くぶつかられたり，遊ぶふりをして叩かれたり，蹴られたりする」（23.4%）と30ポイント以上の差が確認できる。逆に，「パソコンや携帯電話等で，誹謗中傷や嫌なことをされる」（3.5%），「金品をたかられる」（0.9%）といった様態はほとんど見られないといった傾向がわかる。もちろん，この調査からは，いじめの深刻さの比較はできないが，全体的に大々的にマスコミで報道されるような「暴力系」のいじめよりも，「コミュ

表6.1　いじめの様態
(%)

	小学校	中学校	高　校	特別支援学校	合　計
〈暴力系〉のいじめ					
軽くぶつかられたり，遊ぶふりをして叩かれたり，蹴られたりする	25.7	14.3	8.4	23.5	23.4
ひどくぶつかられたり，叩かれたり，蹴られたりする	6.8	5.5	3.0	5.4	6.5
金品をたかられる	0.9	0.9	2.1	1.1	0.9
金品を隠されたり，盗まれたり，壊されたり，捨てられたりする	5.5	5.0	4.3	3.5	5.4
嫌なことや恥ずかしいこと，危険なことをされたり，させられたりする	10.3	8.5	7.0	13.2	10.0
〈コミュニケーション操作系〉のいじめ					
冷やかしやからかい，悪口や脅し文句，嫌なことを言われる	56.4	62.0	59.4	46.6	57.4
仲間はずれ，集団による無視をされる	12.2	9.0	15.9	6.5	11.7
パソコンや携帯電話等で，ひほう・中傷や嫌なことをされる	1.8	10.2	16.5	8.6	3.5
〈その他〉					
その他	4.6	3.5	7.5	8.7	4.5

（出所）文部科学省「令和4年度　児童生徒の問題行動等生徒指導上の諸問題に関する調査」（文部科学省HP）をもとに作成。

ニケーション操作系」のいじめの方がどの学校段階においても顕著に多く認知されていることがみえてくる。

3. 学級集団の同質性と閉鎖性が生み出す「コミュニケーション操作系」のいじめ

　では，なぜ日本では「コミュニケーション」操作系のいじめが多く生じているのだろうか。そのヒントとなるのが，いじめの発生場所の国際比較調査（図6.4）だ。少し古い調査ではあるが，他の調査ではわからない貴重な項目を含むため，当該データの結果を確認したい。この結果を見ると，日本のいじめの発生場所として特徴的なのは，いじめが「教室」で起こりやすく，他国で多く見られるような「校庭」では起こりづらいということである。これはどのようなことを意味していると考えられるだろうか。

　通常，いじめは初期の文部省のいじめの定義にもあったように，力関係の強い者から弱い者に対して攻撃が行われると言われている。だとすれば，圧倒的な体格差・能力差がある上級生が下級生をいじめるというような図式が成り立ちそうである。だとすると，他学年の生徒が集まりやすい場所，たと

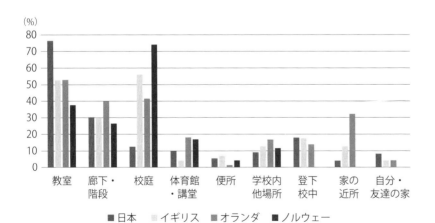

図6.4　いじめの発生場所の国際比較

（出所）森田洋司監修（2001）をもとに作成。

えば「校庭」のような場所の方がいじめは起きやすいと考えることができるが，他国ではその特徴が見られるものの，日本ではそのような特徴は確認できない。逆に，「教室」のように同学年の生徒のみが集まっている場の方でいじめが起きやすくなっている様子がわかるのである。日本の教室にいる児童生徒の年齢差は最大で364日なので，それほど大きく体格差や能力差があるとは考えられない。このように，同質性の高い集団の中でいじめが起こりやすいということは，他国には見られない，日本のいじめの特徴だといってもいいだろう。

　では，日本のいじめが起こりやすい教室というのは，どのような特徴をもつ場所なのだろうか。日本の教室の特徴は，義務教育の多くの場合は，たまたま同じ地域に住む同じ年齢の児童生徒が，本人の意思とは無関係に決まった年限を一緒に過ごさなければならないことにある。学校生活の大部分の時間を過ごす授業や休み時間はあらかじめ教室の中で決められた席で過ごすことが多いだろうし，座席の位置は児童生徒の意志とは無関係に決められることが多く，自分の意志で席の移動をすることができない。そのため，教室では人間関係の選択性が非常に低い場になりやすい。このように人間関係の選択性が低く，閉鎖性が高い場においては，周りの児童生徒とのコミュニケーションを操作するいじめが蔓延しやすいことが指摘されている。

　先の内藤（2008）によれば，いじめは何らかの欠如を経験した児童生徒が「全能感」を得るために行われるという。「全能感」は人が人を支配することによって生まれるものであるが，力関係が生じて当然である異質な集団（たとえば異年齢集団など）内で支配することよりも，力関係が不確定な同質性の高い集団（学級集団など）内で誰かを支配することのほうがより自尊心が高まりやすく，それゆえ「全能感」を得やすいといえるのかもしれない。

第3節　いじめの発見と解決のために

第1節の中で，いじめの定義が徐々に拡張されてきていることはすでに説

明した。だとすれば，被害者や第三者など関係者がいじめを学校側に告発することさえできれば，いじめは学校に認知され，さまざまな対策を講じることによって順調に解決の方向へ向かっていきそうに思える。

とくに近年では，「学校いじめ対策組織が，いじめの未然防止，早期発見，事実確認，事案への対処等を的確に進めるためには，管理職のリーダーシップの下，生徒指導主事などを中心として協働的な指導・相談体制を構築すること」（文部科学省 2022: 126）や，「心理や福祉の専門家である SC や SSW，弁護士，医師，警察官経験者などの外部専門家を加えることで，多角的な視点からの状況の評価や幅広い対応」（文部科学省 2022: 126）を検討することなどが推奨されており，かつてよりもいじめへの対策の準備が整ってきている。では実際，学校現場ではいじめはどのようにして発見されることが多いのだろうか。

1.　いじめを発見するために

文部科学省によるいじめの発見のきっかけの構成比を示したのが，表6.2である。これを見ると，最も発見のきっかけとして多くあげられているのが，「アンケート調査など学校の取組により発見」（51.4%）であり，次いで「本人からの訴え」（19.2%），「当該児童生徒（本人）の保護者からの訴え」（11.8%）となっている。

この結果をみる限りでは，いじめを受けて，深刻な苦痛を感じている児童生徒本人やその相談を受けたであろう保護者がいじめを告発することはそれほど多くない（両者を合わせても30%強）ことがわかる。それよりもむしろアンケート調査を行うなど，学校側の積極的な働きにより，いじめが明るみに出やすいことが示されている。

何らかの理由により，相談したくともできない児童生徒が一定数存在することを考慮し，普段から問題があったときには相談してもよいと思えるような関係性づくりや，どのような生徒においても，問題を告発しやすいきっかけを与えることが必要である。いじめに気づくには，表面的な言動だけを見るのではなく，その背後にどのような感情があるのかに思いを馳せる必要が

表6.2　いじめ発見のきっかけ　　　　　　　(%)

	小学校	中学校	高　校	特別支援学校	合　計
〈学校の教職員等が発見〉					
学級担任が発見	9.7	9.4	4.7	23.7	9.6
学級担任以外の教職員が発見	1.4	6.7	3.2	5.0	2.4
養護教諭が発見	0.2	0.7	0.8	0.2	0.3
スクールカウンセラー等の相談員が発見	0.1	0.2	0.3	0.2	0.1
アンケート調査などの学校の取組により発見	55.2	33.9	43.9	38.9	51.4
〈学校の教職員以外からの情報により発見〉					
本人からの訴え	17.3	27.2	30.9	20.0	19.2
当該児童生徒（本人）の保護者からの訴え	11.4	14.2	9.8	6.3	11.8
児童生徒（本人を除く）からの情報	3.2	5.5	4.6	3.4	3.6
保護者（本人の保護者を除く）からの情報	1.2	1.7	1.2	1.4	1.3
地域の住民からの情報	0.1	0.1	0.0	0.0	0.1
学校以外の関係機関（相談機関等を含む）からの情報	0.1	0.2	0.2	0.8	0.1
その他（匿名による投書など）	0.1	0.1	0.2	0.2	0.1

（出所）文部科学省（2023）をもとに作成。

あり，そのためには，児童生徒の表情や学級・ホームルームの雰囲気から違和感に気づき，いじめの兆候を察知しようとする姿勢が求められる（文部科学省 2022: 134-5）。また，普段から「子ども達の間に見られる相対的な力関係を把握したり，仲良しグループの排他性を把握したりする」（杉原編 2011: 22）ことが児童生徒のいじめの深刻化を防ぐことにつながるため，集団の関係性の観察を注意して行っていくことも重要である。

　そして，先の調査結果によると，いじめの発見のきっかけとして最も構成比が高いのが「アンケート調査」であることが確認された。もし集団内で被害者がいじめを訴えづらい雰囲気が形成されていたり，教師への告げ口が集

団内で許容されないような雰囲気があったりする場合には，このアンケート調査を効果的に行うことにより，いじめを発見し，対策を講じることが可能となる。

　また，文部科学省調査によれば，回答者の名前を記入しなければならない「記名式」でアンケート調査を行っている学校が77.7%，名前を書かなくてもよい「無記名式」で行っている学校が23.8%，どちらでもよいという「選択式」で行っている学校が10.4%であるという。「子ども達の気持ちをしっかり知るためには，記名式でアンケートをとりたい」（杉原編 2011: 17 など）として，記名式のアンケート調査が望ましく，無記名式のアンケート調査が望ましくないように言われることもあるが，無記名式のアンケートのほうが問題を告発しやすく，学校側がいじめに関する情報を収集しやすいという利点があることを忘れてはならない。

　緊急を要する場合には，アンケート調査を「記名式」で行い，問題を未然に防ぐためには「無記名式」で行うなど，状況に応じて，それぞれの利点を活かすような調査が遂行されることが望ましい。また「記名式」か「無記名式」かという二者択一ではなく，「選択式」で行うということも検討していこう。

2.　いじめはなぜ解決できないのか

　最後に，いじめがこれだけ社会問題として共有されていながら，なぜ解決へと向かわないのか，その点の考察を行っていこう。その要因の一つとして近年指摘されてきているのが，児童生徒の間に「スクールカースト」と呼ばれる関係性があるのではないかということだ。「スクールカースト」とは，同学年の集団の中で「誰が上」で「誰が下」というような序列化が集団内で共有されており，そのことから集団内に明確な力関係が生まれている状況を指す（鈴木 2012）。この「スクールカースト」が蔓延した集団の中では，「いじめ」という言葉を用いずに，当然のこととしてその様子が語られていく傾向があり，「いじめ」としては問題化されづらい。

　先の「コミュニケーション操作系」のいじめが主流であるという背景とも

関わってくるのだが，日本のいじめの特徴は，加害者はもちろん，被害者ですらも今行われている行為や児童生徒間の関係性がいじめであるかどうかの判断がしづらい状況があるため，いじめとして告発されたかどうかではなく，同学年間の集団の中で過度に力関係が生じていないかを注意して児童生徒の様子を観察する必要があるだろう。

　一つの例として，過去にスクールカーストを経験した大学生のインタビューを紹介しよう。

大学生♀：プロフィール帳みたいなやつって流行りませんでした？

筆者：あー，女の子はあったね。

大学生♀：そう，それ！　そういうのめっちゃみんな書いてて，流行ってて，アタシの友だち（上位のグループの生徒）が，その子（下位のグループの生徒）にもなぜかそれあげて，「書いて！」って言って。んで，それでそしたら，その子めっちゃ嬉しそうにしてて。んで，アタシの友だちはそれを書いてもらった後に，なんかゴミ箱に捨てて（笑）。いじめとかではないんだけど，胸が痛んだっていうか。でもその（下位のグループの）子だから，アタシの友だち（上位の生徒）はそういうことやったんだと思う。やさしい子でしたから。

筆者：それいじめじゃない？

大学生♀：いじめではない（笑）。でも本当だよねえ。人間としてヤバって思ったんだけど，友だちは空気読んで，みんなを和ませようとしてやったのかなあって，そのときは思ったんですよ，たぶんアタシだけじゃなく，クラスみんなが。でもひどいよねえ。今しゃべってたら，かわいそうになってきたかも（笑）。

筆者：でもさ，当時はそうでもなかったんでしょ？

大学生♀：「ひどい」とかは笑いながら誰か言ってたと思うんですけどねえ。アタシかなあ，もしかしたらそれ言ったのは。アタシけっこう正義だから（笑）。

（鈴木翔（2012）『教室内カースト』光文社，pp.105-6 より引用）

　この女子大学生によれば，プロフィール帳を捨てた行為は，「空気読んで，みんなを和ませようとしてやった」行為であり，「いじめではない」としている。このように集団内に明確な力関係が出来上がりきっている場合には，行為そのものまで目が行き届かず，「誰が誰に」した行為だから許されるといったような価値観が当然のものとして受け入れられている可能性があることに注意したい。

　もし集団内の様子を聞いて，児童生徒の誰もが「いじめではない」とはっきり言及していたとしても，あからさまな力関係が形成されている場合には，「いじめ」としての報告の有無にかかわらず，問題が深刻化するより前に率先して問題に対処しようとする姿勢が求められるだろう。

［鈴木　翔］

● 考えてみよう！

- ▶ テレビのニュースなどでいじめに関する報道がされた際，自分が教師だったらどのように対応するのか具体的に考えて，友だちと話し合ってみよう。
- ▶ あなたは中学校の教師です。あなたが担任をもつクラス（1年生）の女子生徒から，次のような相談を受けました。相談した生徒の気持ちを考えたうえで，教師として，どのように対応するのが適切か考えてみよう。

〈相談内容〉

体育の時間に友だちとグラウンドに行くとき，靴ひもがほどけてしまいました。靴ひもを結びなおしていたら，友だちはみんな，すたすたと先に歩いて行ってしまいました。でも，別の子の靴ひもがほどけたときは，みんな自然に立ち止まって待っていてくれていました。思えば，こういったことは，よくあるような気がして，自分が友だちの中で劣った存在に思えてしょうがありません。お母さんに相談したら，気のせいだと言われましたが，気のせいではないと思います。「いじめ」を受けているわけではありませんが，つらいです。どうしたらよいでしょうか。

● 引用・参考文献

杉原洋編（2011）『小学校教師のための生徒指導提要実践ガイド』明治図書

鈴木翔（2012）『教室内カースト』光文社

瀬田川聡（2015）「被害届の提出により，いじめ暴力事件を解決した事例―学校と警察の連携の在り方」『月刊　生徒指導』2015 年 2 月号：40-45

内藤朝雄（2009）『いじめの構造―なぜ人が怪物になるのか』講談社

橋本摂子（1999）「いじめ集団の類型化とその変容過程―傍観者に着目して」『教育社会学研究』第 64 集：123-142

間山広朗（2002）「概念分析としての言説分析―『いじめ自殺』の〈根絶＝解消〉へ向けて」『教育社会学研究』第 70 集：145-163

森田洋司・清永賢二（1994）『新訂版　いじめ―教室の病い』金子書房

森田洋司監修（2001）『いじめの国際比較研究―日本・イギリス・オランダ・ノルウェーの調査分析』金子書房

文部科学省（2016）「平成 27 年度　児童生徒の問題行動等生徒指導上の諸問題に関する調査」

文部科学省（2022）『生徒指導提要』

文部科学省（2023）「令和 4 年度　児童生徒の問題行動等生徒指導上の諸問題に関する調査」

▶ いじめを憎む心もいじめを生み出す

　現在，いじめをテーマにした創作物は数多くあり，時代とともにいじめの描き方にも違いが見られる。最も代表的なのは，北乃きいさん主演でドラマ化もされた『ライフ』（すえのぶけいこ，講談社，2002～2009年）などだろうか。『ライフ』では，いじめの加害者である愛海が悪意をもって，主人公をいじめる様子が描かれ，その残酷さが話題を呼んだ。基本的にいじめをテーマにした創作物では，『ライフ』の愛海のように，いじめの加害者がいじめという行為に対して，罪悪感がない悪魔のような存在として描かれることが多い。

　しかし，加害者がいじめという行為に嫌悪感を抱いていたとしても，それでもいじめを引き起こしてしまうケースが存在する。そうした様相をうまく描いているのが，2017年に足立梨花さん主演で映画化もされた『傷だらけの悪魔』（澄川ボルボックス，双葉社）というマンガだ。この『傷だらけの悪魔』では，主人公をいじめるクラスメイトの全員が実はいじめを心から憎んでいるという点に新しさがある。というのも，このマンガの主人公・舞は過去にいじめをしていた経験があり，その過去がクラスメイトにばれ，そのことが原因でいじめを受けているのだ。

　そして，舞へのいじめに加担しているクラスメイトのほとんどは，過去にいじめを受けた経験があり，当時自分をいじめていた加害者を舞に重ねて嫌悪感を抱き，舞が二度といじめをしないよう，舞をいじめているといった心情が繰り返し描かれている。クラスメイト全員がいじめを心から憎んでいるがゆえに，その正義感の集合体が新たないじめを生み出しているのである。

　2013年に内閣府が行った「我が国と諸外国の若者の意識に関する調査」によれば，「いかなる理由があっても，いじめをしてはいけない」という質問項目に対して，肯定的な回答をしたのは9割強であり，大多数がいじめに否定的な見解を示していることがわかる。しかし価値観や規範意識の向上は，単にいじめを解決に向かわせるだけではない。実は，いじめへの嫌悪感の強さや正義感の集合体もまた，いじめを生み出しやすいという逆接的な関係が現代のいじめ問題の中に内包されていることを心に留めておく必要があるだろう。

［鈴木　翔］

▶ 逸脱行動を増幅させるラベリング

　暴力行為や非行が起こったとき，「加害者には相応の罰を与えたほうがよい」「警察の介入が必要だ」といった，加害者に対して厳しい罰を求める意見をしばしば耳にする。それでは，加害者に罰を与えることや警察を介入させることは，暴力行為や非行のような逸脱行動の改善に効果があるのだろうか。

　ここでは，刑事司法システムによる公的な措置がその後の非行発生にどのような効果があるのかをまとめた研究をみてみよう（Petrosino et al. 2010＝2018）。その結果によれば，刑事司法システムによる措置は，その後の非行統制効果はなく，むしろ非行を増加させるというものであった。

　刑事司法システムに則った措置を行ったにもかかわらず，なぜ非行は増えてしまうのだろうか。同研究の中では，公的な措置を受けたことによる「ラベリング」が重要な要素となっている可能性を指摘している。つまり，公的な措置を受けることで少年たちが自身のことを「非行少年」とみなしていくようになるというのである。

　ラベリングが逸脱行動を増幅させるという指摘は，学校現場における指導場面においても重要な示唆を与えているだろう。すなわち，何かしらの逸脱行動を行った児童生徒に対して「問題児」「非行少年」というラベルを教師が貼ることで，児童生徒が自身のことを「問題児」「非行少年」とみなして，より深刻な逸脱行動へと向かう可能性があるということである。

　筆者が非行を経験したことのある少年たちに対して行ったインタビュー調査では，教師の指導をきっかけとして，非行少年としてのアイデンティティを自覚していったと語ってくれた少年もいる（大江 2023）。

　このように，教師の生徒指導の仕方によっては暴力行為や非行を行った児童生徒を本格的な逸脱者へと向かわせてしまう可能性があることに十分留意しておく必要があるだろう。　　　　　　　　　　　　　　　　　　　　　　［大江 將貴］

＊大江將貴（2023）『学ぶことを選んだ少年たち―非行からの離脱へたどる道のり』晃洋書房
＊Petrosino, A., C. Turpin-Petrosino and S. Guckenburg（2010）"Formal System Processing of Juveniles: Effects on Delinquency," *Campbell Systematic Reviews* 2010: 1（岡邊健訳（2018）「少年の公的システムによる措置―非行への効果」https://crimrc.ryukoku.ac.jp/campbell/library/crimejustice.html／2023 年 6 月 30 日閲覧）

第7章

不登校

●━━● 本章のねらい ●━━●

　本章のねらいは，不登校の児童生徒に対して生徒指導・進路指導をするうえで前提とすべき知識について理解することにある。不登校のきっかけや背景は，一般的にイメージされているよりもはるかに多様であり，児童生徒はさまざまな学校生活上・家庭生活上の苦しみをきっかけや背景として不登校に至る。また，不登校の児童生徒とその保護者は，不登校になるまでの過程だけではなく，不登校になったことによって，さまざまな不安や悩みを抱く場合がある。本章ではそうした多様な困難を理解するとともに，児童生徒やその保護者にどのような方針で関わっていけばよいのかについて学んでいく。

第1節　不登校の現在

　はじめに，文部科学省による不登校の定義を述べておきたい。文部科学省の「児童生徒の問題行動・不登校等生徒指導上の諸課題に関する調査」では，年度間に連続又は断続して30日以上欠席した児童生徒（「長期欠席者」）のうち，欠席理由が下記の定義に該当すると各学校から報告された児童生徒を「不登校」としている。

　何らかの心理的，情緒的，身体的，あるいは社会的要因・背景により，

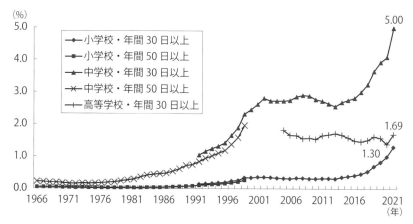

図 7.1　不登校出現率の推移（1966 年〜2021 年度）

（出所）文部科学省「児童生徒の問題行動・不登校等生徒指導上の諸課題に関する調査」(各年度)
　　　の結果をもとにして作成。

児童生徒が登校しないあるいはしたくともできない状況にある者（ただし、「病
気」や「経済的な理由」、「新型コロナウイルスの感染回避」による者を除く。）

　不登校の児童生徒の割合（不登校出現率）は、1980 年代〜1990 年代に急激
な増加を見せた。2000 年代に一旦増加はおさまったかに見えたが、2010 年
代後半から小学校や中学校では再び急激な増加を続けている（図7.1）。2021
年度の不登校出現率は、小学校 1.30％、中学校 5.00％、高等学校 1.69％で
あり、中学校でとくに高い。中学校においては、およそ 20 人に 1 人が不登
校であり、クラスに 1〜2 人は不登校の生徒がいるという状態にある。

　では、不登校の児童生徒はどの学年に多いのだろうか。小・中学校に限定
して、各学年の不登校児童生徒数を比べてみると、学年が上がるにつれて増
加し、中学校 3 年生で最も多いということがわかる（図7.2）。

　また、不登校児童生徒数は小学校 6 年生から中学校 1 年生にかけて最も増
加し、その数は約 1.8 倍になっている（図7.2）。その背景としては、「中 1 ギ
ャップ」と呼ばれるような、児童生徒が小学校から中学校に移行するにあた
って直面するさまざまな段差の存在が指摘されてきた。

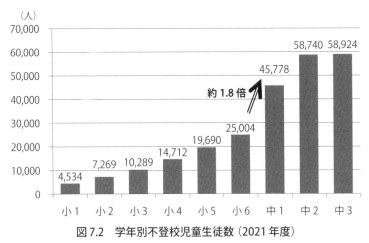

図 7.2　学年別不登校児童生徒数（2021 年度）

（出所）文部科学省（2022a）の結果をもとにして作成。

　小学校から中学校に進学するにあたって，子どもたちはさまざまな環境面の変化を経験することになる。中学校では，小学校より学校の規模・学区がともに大きくなり，新たな同級生たちと関わることになる。また，小学校では多くの場合学級担任制であったが，中学校では教科担任制に移行する。そのため，学級担任が児童と身近な触れ合いを通じて常に関わる小学校と異なり，教科担任制をとる中学校では，教師と生徒との間に心理的な距離ができる。さらに，中学校では，規範意識を養うための毅然とした生徒指導が行われるようになる。他にも，中学校では部活動での先輩後輩関係，高校受験など，さまざまな新たな出来事に直面することになる。このような小学校と中学校での環境の変化が，児童生徒に多大なストレスをもたらし，学校不適応につながる場合があるということを，押さえておく必要がある。

第 2 節　不登校につながる多様な要因

　ただし，児童生徒が不登校に至るきっかけや背景は，このような中 1 ギャ

ップに限らない。実際には非常に多様であり，そのため文部科学省は，不登校は特別な状況下で起こるものではなく，「どの子にも起こり得る」ものとしてとらえるべきだと述べてきた（文部科学省 2022b: 222）。以下では，不登校のきっかけや背景として，具体的にどのようなものがあるのかについて確認していく。

1.　不登校の要因

　かつて，不登校の典型的なタイプとされてきたのは，「優等生の息切れ」であった。学校に過剰に適応しようとし，勉強，係・委員会活動，部活動などのすべての領域でよい結果を残そうとする中で，心が疲れてしまい，学校に行こうとすると頭痛・腹痛・発熱などの身体症状が生じる，というタイプの不登校である（佐藤ほか 2014: 46）。こうしたタイプをはじめとした「心の問題」による不登校児童生徒は，現在も一定数存在すると考えられる。

　しかし，児童生徒が不登校に至る原因は，本人の「心」に起因するものば

表7.1　不登校の要因（2021年度・主たる要因）

		小学校	中学校	高等学校
学校に係る状況	いじめ	0.3%	0.2%	0.2%
	いじめを除く友人関係をめぐる問題	6.1%	11.5%	9.1%
	教職員との関係をめぐる問題	1.9%	0.9%	0.5%
	学業の不振	3.2%	6.2%	6.2%
	進路に係る不安	0.2%	0.9%	4.3%
	クラブ活動，部活動等への不適応	0.0%	0.5%	0.8%
	学校のきまり等をめぐる問題	0.7%	0.7%	0.8%
	入学，転編入学，進級時の不適応	1.7%	4.1%	9.4%
家庭に係る状況	家庭の生活環境の急激な変化	3.3%	2.3%	1.7%
	親子の関わり方	13.2%	5.5%	3.4%
	家庭内の不和	1.5%	1.7%	1.9%
本人に係る状況	生活リズムの乱れ，あそび，非行	13.1%	11.0%	14.9%
	無気力，不安	49.7%	49.7%	39.2%
	左記に該当なし	4.9%	4.9%	7.6%

（出所）文部科学省（2022a）の結果をもとにして作成。

かりではない。**表 7.1** は，小学校・中学校・高校の教師が認識している児童
生徒の不登校の主な要因について，その割合を集計したものである。不登校
の主な要因に「無気力，不安」があるとされる児童生徒は，小学校・中学校
でともに 49.7%，高校で 39.2% であった。この結果からは，不登校の主な
要因は無気力や不安といった「心」のありようとは別にあると考えられてい
る児童生徒が多数いることがうかがえる。

　割合が高かった他の要因について確認していくと，小学校・中学校・高校
のすべてで，「生活リズムの乱れ，あそび，非行」が 10% を超えている。非
行少年の割合が近年減少していることを考えると，生活リズムの乱れが不登
校の主な要因だと教師が考えている児童生徒が一定数いることがうかがえる。
また，小学校では「親子の関わり方」，中学校では「いじめを除く友人関係
をめぐる問題」で 10% を上回っている。

2.　不登校の背景

　以下では不登校の主な背景として，「学校での児童生徒間関係」「家庭の養
育上の課題」「発達障害」を取り上げ，それぞれについて説明していく。

(1) 学校での児童生徒間関係

　いじめを受けていることが不登校の直接的なきっかけになる児童生徒もい
るが，**表 7.1** からもわかるように，いじめと判別できないような生徒間関係
上の問題が不登校のきっかけになる児童生徒も多い。たとえば，筆者がかつ
て不登校経験者に行ったインタビュー調査でも，不登校のきっかけとして，
「人間関係がうまくいかなかった」「人と関わるのがわずらわしくなった」「ク
ラスの雰囲気が嫌だった」「クラスで孤立していた」などの理由があげられ
ている。

　土井隆義が「友だち地獄」と形容するように，現代の子どもたちの友人関
係は息苦しさに満ちあふれたものである。友人関係を営んでいくうえでは，
相手や自分を傷つけてしまうことを避けるために，繊細に相手の反応を察知
しながらなるべく衝突を避けようとする，「優しい関係」を維持していく必

要がある（土井 2008: 8-9）。また、「スクールカースト」という言葉とともに、児童生徒の学級内での立場は決して横並びではなく、人気や権力に基づく序列が存在することが明らかにされてきた（第6章も参照）。こうしたスクールカーストの下位に位置づけられたり、学級内で孤立してしまった児童生徒にとって、学校生活は苦痛に満ちたものとなるだろう。不登校の背景には、いじめに限らず、こうした学校内でのさまざまな人間関係上の息苦しさがある。

(2) 家庭の養育上の課題

　一方で、貧困や児童虐待、家族の病気などの家庭の養育上の課題も、不登校の重要な背景の一つとして考える必要がある。たとえば、東京都のある自治体では、生活保護受給世帯での中学生の不登校出現率は11.6％、それに準ずる準要保護世帯での出現率は3.2％であり、その他の世帯での出現率（2.4％）を上回ることが明らかにされている（池谷 2009: 241）。また、学齢期の児童虐待死亡事例を再検討した羽間京子らは、事例の児童生徒がいずれも不登校の状態であったことを指摘している（羽間ほか 2012）。他にも、保護者に精神疾患や知的障害、発達障害があり、子どもの養育を十分に行うことができないために、子どもが不登校になるケースも少なからず指摘されている。

　こうした家庭環境の中で暮らすうちに、学校の勉強についていけず、学校に行く意義を感じられなくなっている児童生徒もいる。また、虐待のある家庭に育ち、家に帰るのを避けるために深夜の出歩きを繰り返す中で、非行集団へと吸い込まれていく児童生徒もいる。こうした児童生徒に対して、不登校を本人の意志の問題とみなして生徒指導を行うだけでは、決して事態は改善しない。「困った子」ではなく「困っている子」なのではないかという認識に立ち、かれらの家庭環境に目を配っていく必要がある。

　また、児童生徒の不登校について保護者を非難したところで、事態が改善するわけではないし、態度としても適切ではない。そもそも保護者たちが、前の世代から生活上の困難を引き継いでいる場合も決して少なくない。たとえば児童虐待の背景には、保護者自身がその保護者から虐待を受けていたために子育ての方法がわからなかったり、親族と関係が悪く疎遠で孤立してい

る状態であったりする場合がある（川松 2008: 94-106）。保護者に対しても，「困った保護者」ではなく「困っている保護者」なのだという認識のうえで，福祉的な支援について考えていく必要がある。

(3) 発達障害

　発達障害による児童生徒の障害特性が，さらなる生活上の困難を引き起こすことがある。こうした二次的な問題の一つとして，児童生徒が不登校に至る場合がある。

　発達障害のある児童生徒の場合，授業の理解が難しかったり，友人とトラブルを起こしてしまったりする中で，教室に居場所がなくなり，授業中に立ち歩いたり，教室から飛び出してしまったりする場合がある。また，このようなつまずきや失敗が繰り返され，学校生活に対する苦手意識や挫折感が高まると，心のバランスを失い，不登校や不安障害などの症状が出てしまうことがある（文部科学省 2022b: 270-271）。

　二次的な問題が生じないようにするためには，それぞれの児童生徒が自尊感情を高めていくことが重要である。特性によるつまずきや困難さによって，自信や意欲を失ったり自己評価が低くなったりしないよう，教師やクラスメイトから承認が得られるような学級づくりを目指していく必要がある。

第3節　不登校になったことによる苦しみ

1. 児童生徒の苦しみ

　前節であげた不登校のきっかけや背景からは，児童生徒がさまざまな学校生活上・家庭生活上の苦しみの中で，不登校に至るということを想像することができる。しかし，児童生徒が苦しさに直面するのは，不登校に至るまでだけではない。不登校になったことによる苦しみも存在する。

　多くの不登校の児童生徒は，学校に行かなくなってからも，「学校に行かなければならない」という規範を当然のものとして考えている。学校に行か

ないことによる将来への不安を感じている児童生徒ももちろんいる。しかし，すぐに学校に再登校することは難しい。なぜなら，学校での他の児童生徒との関係や，授業についていけるか，学校行事の練習に急に入っていけるかなどについての不安が，頭をよぎるためである。

　とくに，学校での他の児童生徒との関係は，多くの不登校児童生徒が再登校への障壁として指摘するものである。それは，いじめを受けた児童生徒や，友人関係上のトラブルで不登校に至った児童生徒に限らない。児童生徒間関係にトラブルがなかった不登校の児童生徒にとっても，不登校になる前の自分と関わりがあった児童生徒の存在は，再登校への障壁として映る。筆者の不登校経験者へのインタビュー調査では，不登校の初期に迎えに来てくれていた友だちへの後ろめたさや，自分のいないところですでに築き上げられている友人関係が，再登校をためらわせるものになったことが語られている。

　かれらは，「学校に行かなければならない」ということはわかってはいるが，それを行動に移そうとすればするほど不安がよぎり，その葛藤の中で疲弊して立ちすくんでしまう。そうした中で，「するべきことができない」自分への自己否定が強まり，さらなる心身の不調にさいなまれることがある。「学校に行かなければならない」という規範を内面化し再登校を志すがゆえに，悪循環へと巻き込まれている児童生徒がいることを，認識しておく必要がある。

　なお，不登校の児童生徒の中には，他の児童生徒の存在を意識することで，学校に行くだけでなく，家の外に出ることすら難しくなる児童生徒もいる。前述のインタビュー調査では，複数の人たちが，不登校当時は同級生に会いたくなかったと話している。なかには，学校の帰りに家の前の道を通る同級生の声がするたびに食欲がなくなり，栄養剤を採って過ごしていたという人もいた。生活リズムの乱れや昼夜逆転も，「自分のことを知る学校の人々と会いたくない」という気持ちから生じている場合もある。

2.　保護者の苦しみ

　不登校になったことによる苦しみは，本人だけに押し寄せるものではない。

保護者にとっても，子どもの不登校はさまざまな不安や悩みを引き起こすものとなる。

　保護者の中には，自分自身が生きることで精一杯であり，子どもが学校に通うことにまで気が回らないという保護者もいる。しかし，多くの保護者は，本人と同様，「学校に行かなければならない」という規範を当たり前のことだと考えている。それゆえ，子どもの不登校は，驚きやとまどいと同時に，自らの子育てや対応への自責の念，子どもが将来どうなっていくのかという不安，何とかしなければといった焦りなど，さまざまな悩みへとつながっていく（佐藤ほか 2014: 50-51）。

　また，保護者が不安や悩みを抱えるだけでなく，孤立してしまう可能性についても配慮が必要である。子どもの不登校に対する考え方が家庭の中で食い違うことで，夫婦間や両親と祖父母との間に軋轢が生じる場合もある。また，「家族以外の人には子どもの不登校のことが理解されない」という思いから，保護者が家族以外の人々に子どもの不登校を隠したり，それを知る他者との会話や関わりを避けたりすることで，周囲から孤立していく場合もある。その例として，以下の保護者の語りを取り上げておきたい。

　（対親戚）「もう，アドバイスなんていらないいらない…。余計なことばかり言ってきて，相談すればするほど私がつらいから，もう。」「私が言っても，わからないって言うのね。うちの姉の子どもはとんとん拍子で育っていったから，だから，言ってもわからない。（中略）だからもう，ストップするしかないですよね」（菊地 2009: 200）

　不登校という言葉が一般的になった今でも，「学校に行かなければならない」という規範は，社会の中で根強く残っている。そうした規範は，不登校の児童生徒やその保護者を苦しめ，孤立させるような呪縛として機能している。

第4節　不登校の児童生徒に対する生徒指導の考え方

1.「学校復帰」のみを目標にしない

　不登校の児童生徒と関わっていくうえで，理解しておかなければならないのは，「学校に登校する」という結果のみを目標としないということである（文部科学省 2022b: 221）。

　児童生徒間関係や教師との関係に問題や不安がなく，クラスの中に居場所が作れる児童生徒に関しては，今在籍する学校や学級への復帰を目指すことに問題はない。しかし，先述したように，不登校の児童生徒の中には，いじめや友人とのトラブルをはじめとした児童生徒間関係や，教師との関係がきっかけとなって不登校に至った児童生徒が少なからずいる。また，児童生徒間関係が不登校のきっかけとならなかった児童生徒の場合でも，不登校になる前に関わりがあった児童生徒の存在が，再登校への心理的な障壁になるケースがある。

　こうした児童生徒については，教育支援センター（適応指導教室）やフリースクール・フリースペースなどの学校外の学びの場の利用について考えていくべきである。教育支援センターは，適応指導教室と呼ばれることも多いが，小・中学校の不登校の児童生徒に学びの機会を提供するために，地方自治体の教育委員会によって設置・運営されている公的な施設である。一方で，フリースクール・フリースペースは，主に不登校を経験した小学校～高等学校段階の子どもたちが通う，民間の教育施設である。

　どちらの施設でも，教科学習や個別のカウンセリングに限らず，集団でのスポーツや料理，野外活動などの，バラエティに富んだプログラムを用意している。なかでもフリースクール・フリースペースについては，子どもたちの自己決定を理念とし，プログラムの活動内容やそれに参加するかどうかを子ども自身が決めていくという施設もある。

　元の学校に再登校することへの心理的な不安が大きい児童生徒には，かれらの学習権を保障するために，機を見てこれらの施設の利用を勧めていくこ

とが望ましい。ただし，児童生徒本人が「教室には戻れないが学校に通いたい」と希望する場合には，保健室登校や相談室登校，別室登校などの手段がある。また，クラス替えや転校などの配慮によって，再登校が可能になるケースもある。

2. 関わりながら見守る

かつて，不登校は「蛹（さなぎ）の時期」であり，登校刺激は避けた方がよいと考えられてきた。「蛹の時期」というとらえ方は，「不登校をしている間に自分自身を見つめ，大きく変身する準備をしている，だから不登校の時間を保証しなければならない」という「見守り」重視の対応につながってきた（伊藤 2011: 74）。

多くの不登校の児童生徒は，不登校になってしばらくの間は，学校に行かないことについての不安や焦り，苛立ちなどが入り混じって，何をどうしたらよいかわからない状態にある。そうした時期に学校や勉強，進路のことを話題にすると，何らかの身体症状が出てしまう場合がある（伊藤美奈子 2009: 26）。そうした時期にある児童生徒に対しては，学校や勉強，進路の話は控えて，そっと見守るという対応が必要になる。

しかし，「見守る」ということは，「何もしない」ということではない。教師が何もせずに見守っているだけでは，児童生徒や保護者からは「何の連絡もしてくれない」「学校に見捨てられた」という形でしか伝わらないことが多い（伊藤美奈子 2009: 27）。電話や家庭訪問などを定期的に行うなど，「関わりながら見守る」というスタンスで，児童生徒や保護者を支えていく必要がある。

表7.2は，不登校児童生徒の再登校に効果があったと学校側が認識している対応について，小学校・中学校・高等学校それぞれの上位5項目を抜き出したものである。この表からは，「関わる」というスタンスの有効性がうかがえる。先述したように，不登校児童生徒を支援するうえで，学校復帰は唯一のゴールではない。しかし，学校復帰は児童生徒が次の行動を起こしてみようと前向きに考えられるようになった結果生じるものであり，ポジティブ

表7.2 「指導の結果登校する又はできるようになった児童生徒」にとくに効果の
あった学校の措置（2014年度，上位5つ，複数回答可）

小学校			中学校			高等学校		
1	登校を促すため，電話をかけたり迎えに行くなどした。	38.3%	1	登校を促すため，電話をかけたり迎えに行くなどした。	64.7%	1	登校を促すため，電話をかけたり迎えに行くなどした。	46.7%
2	家庭訪問を行い，学業や生活面での相談に乗るなど様々な指導・援助を行った。	32.8%	2	家庭訪問を行い，学業や生活面での相談に乗るなど様々な指導・援助を行った。	63.4%	2	保護者の協力を求めて，家族関係や家庭生活の改善を図った。	42.3%
3	保護者の協力を求めて，家族関係や家庭生活の改善を図った。	29.7%	3	スクールカウンセラー等が専門的に指導にあたった。	57.6%	3	家庭訪問を行い，学業や生活面での相談に乗るなど様々な指導・援助を行った。	41.3%
4	スクールカウンセラー等が専門的に指導にあたった。	25.9%	4	保健室等特別の場所に登校させて指導にあたった。	50.8%	4	スクールカウンセラー等が専門的に指導にあたった。	38.6%
5	不登校の問題について，研修会や事例研究会を通じて全教師の共通理解を図った。	25.7%	5	保護者の協力を求めて，家族関係や家庭生活の改善を図った。	50.1%	5	養護教諭が専門的に指導にあたった。	27.0%

（出所）文部科学省（2016）の結果をもとにして作成。

な帰結の一つとして考えることができる。

　表7.2からは，電話・迎えに行く・家庭訪問といった教師の積極的な関わりが，児童生徒の再登校につながっているということが読み取れる（第3章コラムも参照）。しかし，児童生徒と関わる役割は，担任の教師が一人で背負う必要はない。とくに中学校と高等学校に関しては，スクールカウンセラーや養護教諭と関わることが，再登校の支えになることがうかがえる。また，家庭への福祉的な支援が必要な場合は，スクールソーシャルワーカーとの連携が有効である。担任教師のみではなく，学校全体でチームとして「関わりながら見守る」体制を作る必要がある。

　こうした「関わりながら見守る」というスタンスは，「心の問題」によっ

て不登校に至った児童生徒だけでなく，あそび・非行を続けるタイプの不登校の児童生徒への働きかけの際にも必要である。なぜなら，教師から個別で濃密な関わりを受ける中で，教師が自らを認め尊重してくれていることを感じ，教師の指導を受け入れるようになる児童生徒もいるためである（伊藤 2013: 80-81）。

3.　リフレーミング

　では，教師たちは電話や家庭訪問などを通して，具体的に不登校の児童生徒にどのように関わっていけばよいだろうか。

　不登校の児童生徒が再び学びの場に戻るためには，児童生徒が抱いている不安や焦り，苛立ち，自己否定などの感情が少しずつ解消され，自尊感情が取り戻されていく必要がある。そうしたプロセスを支える教師の働きかけの一つに，リフレーミングという技法がある。リフレーミングとは，人々が現実世界に与えた意味づけを変えること，つまり人々のそれぞれの認識枠組み（フレーム）を変えることで，人々の反応や行動を変化させようとする技法である（大谷 2013: 13 など）。

　たとえば，児童生徒が自らの不登校を「とにかくよくない状態」と認識していて，それが焦りや自己否定の感情につながっていたとする。しかし，本人は家で勉強も続けているし，友だちとも話すことができているかもしれない。そうした「できていること」に注目し，「勉強もできているし，友だちとも交流できているよね」と声をかける。「学校に行けない」自分から，「勉強もしているし，友だちとも交流している」自分へと認識枠組みを変えて，少しでも自分の現状が肯定的にとらえられるように働きかける。リフレーミングはそうした働きかけによって，学びの場に戻るための自信やエネルギーを養うことを目指す。

　リフレーミングの技法は，児童生徒だけでなく，保護者との関わりの際にも活用することができる。子どもの「できていること」が増えたこと，それに保護者の働きかけが関わっていたことなどについて伝えることで，保護者の自己否定の気持ちを和らげることが可能である。

第 5 節　不登校の児童生徒と「進路の問題」

　最後に，不登校の児童生徒への進路指導について考えておきたい。不登校の児童生徒については，中学校を卒業したのちの「進路の問題」についても考えていく必要がある。

　不登校児童生徒の進路の問題は，かつてよりは改善されてきた。文部科学省では，1993 年度と 2006 年度に中学校 3 年生であった不登校経験者に追跡調査を行っている。図 7.3 は，それらの追跡調査について，「高校等進学率」「高校等中退率」「20 歳時点での大学・短大・高専就学率」「20 歳時点での非就業・非就学率」を比較した結果である。高校等進学率と 20 歳時点での大学・短大・高専就学率はいずれも上昇し，高校等中退率も大幅に減少している。また，20 歳時点での非就業・非就学率も，若干減少している。

　こうした進路の問題の改善の背景には，不登校経験者を積極的に受け入れる高等学校段階の学校・教育施設が増加してきたという点がある。これまで

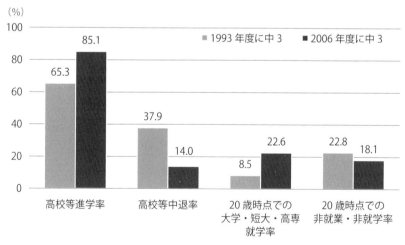

図 7.3　不登校生徒の進路形成の状況

（出所）文部科学省（2014）をもとにして作成。

も，夜間定時制高校や通信制高校，高等専修学校（高等学校段階の専修学校）
などの学校が，中学校卒業後に進学を希望する不登校経験者を数多く受け入
れてきた。しかし近年では，それに加えて，東京都のチャレンジスクール
（2000年～）のように，不登校経験者の受け入れを念頭に置いた公立の昼夜
間定時制高校が数多く新設された。また，2000年代以降，通信制高校で高
卒資格をより確実に取得できるように，学校の形態で学習・生活面での支援
を提供する，サポート校という民間の教育施設も急増してきた。

　これらの学校・教育施設では，教師の手厚いケアやスクールカウンセラー
の常駐体制など，不登校経験をもつ生徒が学校に通い続けられるようにする
ための支援体制を充実させている。また，生徒たちがお互いの心の「痛み」
に共感できるため，生徒同士で登校継続のためのサポートや，他者に嫌な思
いをさせないための配慮が行われているという特徴がある（伊藤秀樹 2009:
217）。

　不登校の児童生徒にとっては，中学校卒業後に不安を抱えずに進学でき，
進学後も就学継続のための適切なサポートが受けられる場が増えた。しかし，
上記の学校・教育施設の仕組みやサポート体制は，各学校・教育施設によっ
て大きく異なる。中学校で進路指導を行う際には，児童生徒の個性やニーズ
に合った学校・教育施設を紹介できるよう，事前に近隣にあるこれらの学校・
教育施設について情報を収集しておく必要がある。

［伊藤　秀樹］

▶ スクールカウンセラーとスクールソーシャルワーカーはどのような仕事を行う専門職なのかについて，文献などを調べてまとめてみよう。

▶ 以下の事例について，あなたがもしこの男子生徒の担任で，彼に手紙を書くとしたら，どんな内容の手紙を書いて渡すかについて考えてみよう。

〈事例〉

　中学校1年生のタクヤは，3日続けて学校を休んでいる。母親に電話で話を聞いたところ，タクヤは朝学校に行こうとして準備を始めると，急にお腹が痛くなって，家から出られなくなってしまうそうである。しかし，母親がタクヤに学校に行きたくない理由について尋ねても，「自分でもよくわからない」と答えるのだという。タクヤは，先生が嫌なわけではないけれど，今は先生と話すのは怖いと言っているらしい。

● 引用・参考文献

池谷秀登（2009）「不登校児童・生徒と貧困」子どもの貧困白書編集委員会編『子どもの貧困白書』明石書店，pp.240-241

伊藤秀樹（2009）「不登校経験者への登校支援とその課題—チャレンジスクール，高等専修学校の事例から」『教育社会学研究』第84集：207-226

伊藤秀樹（2013）「指導の受容と生徒の『志向性』—『課題集中校』の生徒像・学校像を描き直す」『教育社会学研究』第93集：69-90

伊藤美奈子（2009）『不登校　その心もようと支援の実際』金子書房

伊藤美奈子（2011）「不登校にまつわる理論と指導の実際」宮下一博・河野荘子編著『生きる力を育む生徒指導［改訂版］』北樹出版：72-85

大谷誠英（2013）「児童の意味づけを変化させる支援—自立支援における3つのポイントと実践報告」『児童文化研究所所報』35号：1-13

川松亮（2008）「児童相談所からみる子どもの虐待と貧困—虐待のハイリスク要因としての貧困」浅井春夫・松本伊智朗・湯澤直美編『子どもの貧困—子ども時代のしあわせ平等のために』明石書店：84-111

菊地千夏（2009）「不登校経験者の母親にみられるアンビヴァレンスの変容に関する一考察—学校に行く／行かないをめぐる相克に着目して」『子ども社会研究』15号：193-204

佐藤宏平・花田里欧子・若島孔文・横谷謙次・上西創（2014）「不登校・ひきこもり」長谷川啓三・佐藤宏平・花田里欧子編『事例で学ぶ　生徒指導・進路指導・教育相談—中学校・高等学校編』遠見書房：43-56

土井隆義（2008）『友だち地獄―「空気を読む」世代のサバイバル』筑摩書房

羽間京子・保坂亨・小木曽宏・小野寺芳真（2012）「学齢期児童虐待事例検証の再検討―死亡事例について」『千葉大学教育学部研究紀要』第 60 巻：133-142

文部科学省（2014）「『不登校に関する実態調査』～平成 18 年度不登校生徒に関する追跡調査報告書～（概要版）」

文部科学省（2016）「平成 26 年度　児童生徒の問題行動等生徒指導上の諸問題に関する調査」（確定値）

文部科学省（2022a）「令和 3 年度　児童生徒の問題行動・不登校等生徒指導上の諸課題に関する調査」（確定値）

文部科学省（2022b）『生徒指導提要』

▶ ネット利用指導はインターネット問題を解決するか？

　内閣府の「青少年のインターネット利用環境実態調査」（令和5年度）によれば，10〜17歳の青少年の98.5%がインターネットを利用している。学校でもICT機器の利用が進み，小4〜高3生の約8割がICT機器を使う授業は楽しいと感じ，7割超が学習効果を実感している（東京大学社会科学研究所・ベネッセ教育総合研究所「子どものICT利用に関する調査2023」）。

　青少年にとってここまで身近となり，有効な活用も期待されるICT機器やインターネットであるが，匿名性の高さから，誹謗中傷やネットいじめ，法に触れる行為も誘発しやすい。迷惑行為動画のSNS投稿から投稿者が特定され，社会的制裁を受けるという事件が繰り返し起こってきたように，インターネット上の投稿は拡散性が高く，削除することができないため，起きてからでは完全な対処が難しく，情報モラル教育の必要性が指摘されている。

　また，インターネットの長時間利用による生活への悪影響も生徒指導上の課題となっている。総務省情報通信政策研究所の「中学生のインターネットの利用状況と依存傾向に関する調査」（平成28年度）によれば，中学生の50.4%が「暇さえあれば，ネットを利用している」，20.5%が「自分はネット依存だと思う」と回答している。いくつかの自治体では，インターネットの長時間利用を規制するため，夜9時以降のスマホ使用禁止（愛知県刈谷市），携帯電話の所持禁止条例の検討（石川県）などの試みも行われてきた。

　しかし，これらの問題は，情報モラルの欠如やコンテンツへの依存という文脈だけではたして対策可能なのだろうか。誹謗中傷や迷惑動画の投稿を行った理由としてしばしば語られるのが，「バズらせたかった」，「承認欲求のためにやり，人気者になりたかった」といった動機である。こうした欲求がモラルに先行するほど暴走してしまうことこそ問題であり，自己存在感の育成や居場所づくりをいかに行っていくかがむしろ重要だといえるかもしれない。

　また，上述の総務省調査によると，SNSで最もよくやり取りするのは同じ学校の友だちであり，「友だちとのやり取りをなかなか終わらせられない」（24.4%），「見ていない間に自分の悪口が書かれていないか心配になる」（15.4%）などの悩みが挙げられている。学校での友人関係が損なわれる不安から，疲弊しながらもSNSから離れられない生徒の姿が見えてくる。ここでの問題の核心は人間関係の在り方であって，インターネットの利用制限では根本的な解決にならず，かえって生徒を追い詰めてしまいかねない。

　インターネットはこうした問題の触媒にすぎない側面もあり，ネット利用指導・制限から視野を広げ，問題の本質を問い直すことも時には必要だろう。

〔小黒　恵〕

第8章

校則・体罰・出席停止

● **本章のねらい** ●

　本章のねらいは，児童生徒に対して適切な指導を行ううえで必要な，校則・体罰・出席停止に関する知識を理解することにある。教員はいかなる児童生徒に対しても適切に指導を行わなければならない。よってここでは，校則・体罰・出席停止の法的根拠やその実態への理解を深めながら，教員は児童生徒や保護者に対してどのように関わっていけばよいのかを学んでいこう。

第1節　校則

1．校則の定義：校則って何だろう？

　私たちの学校生活には，服装（制服の着用など）や頭髪（染髪・パーマの禁止など），所持品（携帯電話など）や生活態度（廊下を走らないなど），そして登下校に関するもの（寄り道やアルバイトの禁止など）といったように，たくさんの校則が存在する。文部科学省によれば，児童生徒が遵守すべき学習上，生活上の規律として定められる校則は，児童生徒が健全な学校生活を送り，より良く成長・発達していくために設けられるものとされている（文部科学省2022: 101）。

　校則には，たとえば「生徒心得」や「生徒規則」，「生活のきまり」などさまざまな呼び方がある。その在り方について，明確な法令上の規定は存在し

ないものの，これまで裁判所から出された判例では，社会通念上合理的と認められる範囲において，教育目標の実現という観点から校長が定めるものとされている。したがって，校則は法的な罰則や強制力を伴うものではなく，学校生活や集団生活の過ごし方を規定する，学習・生活上の規律としての性格が強い。

　このように，学校の教育目標に照らして定められる校則は，教育的意義を有するものと考えられている。その具体的な内容や実際の運用方法は，児童生徒の発達段階や学校，地域の状況，時代の変化などを踏まえ，最終的には校長により定められる（文部科学省　2022: 101）。

・服装・頭髪規定

　ここで，校則の中で最も詳しく厳しいのは，服装・頭髪規定であるという指摘（坂本 1992: 17）について考えてみよう。1970 年代後半～1980 年代にかけて少年非行が社会問題化した際，「服装の乱れは心の乱れ」として，服装や頭髪について厳しく指導されることがあった。

　たとえば公立学校では服装に関して，男子は詰め襟制服，女子はセーラー

表8.1　制服（標準服）をめぐる主な事件とその判例

京都女子中学生標準服着用義務事件（京都地判　昭和 61・7・10）
京都市の公立中学校の生徒が同校の生徒心得の無効および標準服着用義務の不存在の確認を求めた事件。一審の京都地裁は，前者については生徒心得が抗告訴訟の対象となる処分ではないから不適法であるとし，後者については予防確認訴訟と解し，原告は法律上の利益を有しないから訴えは不適法であるとした。
千葉女子中学生制服代金請求事件（千葉地判　平成元・3・13）
千葉県の公立中学校の校長が生徒心得に制服着用を定め，在学生徒にこれを遵守するよう指導したことが，同校に入学した原告の子に対する制服強制に当たり，憲法一三条，一九条，二六条，二六条，三一条に違反すると主張して，制服購入のために要した費用に相当する金額につき損害賠償を求めたものである。一審の千葉地裁，二審の東京高裁はいずれも憲法論には立ち入らずに，本件制服の指定は社会的合理性のある範囲内で定められており，その具体的な運用に当たっても，仮に制服を着用しない生徒があっても，制裁的な措置をとるようなことはなされていないことなどから学校長の裁量の範囲を逸脱するものではないと判示した。

（出所）大島（2000: 73-75）より作成。

表8.2　頭髪をめぐる主な事件とその判例

熊本男子中学生丸刈り事件（熊本地判　昭和60・11・13）
町立中学校に在籍していた男子生徒とその両親が原告となり、同中学校校長を被告として、同校長が制定・公布した同校服装規定のうち男子の髪型について「丸刈、長髪禁止」と規定した部分（以下、本件校則）の無効確認並びに無効であることの周知手続請求、校則違反を理由とする不利益処分の禁止を求める請求を行うと同時に、町を被告とした損害賠償請求を行った。これに対し、熊本地裁は、本件校則の無効確認並びに無効であることの周知手続、請求、不利益処分の禁止を求める請求のいずれも不適法であるとして、訴えを却下した。
修徳高校パーマ事件（東京地判　平成3・6・21）
原告が学校に無断で普通自動車運転免許を取得し、その罰としての早朝登校期間中に同校の校則に違反してパーマをかけたことなどを理由として、自主退学を勧告され、退学願を提出した結果、同校生徒の地位を失ったことにつき、右勧告の適否が問題となった。原告は、本件勧告が違法かつ無効であるとして、主位的に卒業認定と卒業証書の授与、予備的に生徒たる地位の確認を求め、併せて、不法行為等に基づく損害賠償を請求した。一審（東京地裁）、二審（東京高裁）は、パーマ禁止および運転免許取得制限のいずれについても校則制定の必要性を否定できず、また、原告は入学の際に各校則の存在を認識していたことから、各校則は髪型決定の自由および運転免許取得の自由を不当に制限するものとはいえず無効ということはできないとして、原告の請求を退け、最高裁も、原審の判断を是認し上告を棄却した。

（出所）表8.1に同じ。

服といったように制服着用が強制され、さらには靴下や靴、カバン、スカート丈の長さや下着の色まで、生徒心得という名のもとで、厳しく規制されることがあった（坂本 1992: 33-36）。こうした制服着用にかかわる服装規定をめぐって**表8.1**のような事件が起きており、それぞれ判例が出されている。

　また、頭髪に関しては、パーマや染髪の禁止に加えて、長髪の禁止や長さ指定がなされることもある。過去には、髪型について「丸刈、長髪禁止」と規定した部分の有効性について争われた熊本男子中学生丸刈り事件や、校則を理由とする自主退学勧告の適法性について争われた修徳高校パーマ事件などがある（**表8.2**）。令和以降では、頭髪を黒く染めて登校することを求めた頭髪指導や、在学法律関係上の安全配慮義務について争われた大阪府公立高校黒染事件（大津 2022: 48-52）が記憶に新しい。

2. 校則をめぐる議論の現在地：校則の見直しと児童生徒の参画

　校則の在り方をめぐって，近年では，教職員だけでなく児童生徒や保護者等も含めた学校関係者全体で，その見直しに関する議論が進められている。校則を定めてから一定の期間が経過し，その教育的意義を適切に説明できないようなものについては，児童生徒の実態や保護者の考え方，時代の要請や社会常識の変化等に応じて，積極的に議論を重ねて見直しを行うことが望ましい。その際は，児童生徒や保護者が校則の見直しについて主体的に参加し，各自の意見を表明できる機会（例：生徒会，PTA 会議）を設けながら，新しい校則を策定するための手続きや過程を広く周知することが重要である（文部科学省 2022: 102）。校則の見直しの過程に児童生徒自身が参画して意思表明することは，校則の根拠や影響を考え，身近な課題を自ら解決するといった教育的意義を有している（文部科学省 2022: 103）。

　また，校則の内容は，普段から学校内外の関係者が参照できるよう，学校のホームページ等に公開しておくことが適切である。そして，児童生徒がそれぞれのきまりの意義を理解し，主体的に校則を遵守するようになるため，校則を制定した背景等についても示しておくことが適切である（文部科学省 2022: 101）。

第 2 節　体罰

1. 学校教育法における懲戒と体罰

　2012 年 12 月，大阪市立桜宮高校においてバスケットボール部員であった男子生徒が，部活動顧問からの恒常的な暴力・暴言を苦にして自殺した。事件の重大性を認識した文部科学省は，体罰に係る実態把握および体罰禁止の徹底を図るため，すぐさま各都道府県・指定都市教育委員会等に対し，初等中等教育局長およびスポーツ・青少年局長より「体罰禁止の徹底及び体罰に係る実態把握について（通知）」（2013 年 1 月 23 日付）や「体罰の禁止及び児童生徒理解に基づく指導の徹底について（通知）」（2013 年 3 月 13 日付）を通知し，

その実態調査および指導の徹底を命じた。これら一連の迅速な対応には，生徒が顧問からの体罰を苦に命を絶ったという背景に加えて，そもそも体罰が学校教育法によって明確に禁止されている背景がある。

> **学校教育法**
> 第11条　校長及び教員は，教育上必要があると認めるときは，文部科学大臣の定めるところにより，児童，生徒及び学生に懲戒を加えることができる。ただし，体罰を加えることはできない。

このように体罰は，学校教育法という法令上，明確に禁止されている。さらに，「暴行」（刑法第208条）や「傷害」（刑法第204条）は言うまでもなく違法である。ここで理解しておきたいのは，懲戒と体罰の区別である。

学校における懲戒[1]とは，児童生徒の教育上必要があると認められるときに，児童生徒を叱責したり，処罰したりすることである。懲戒は，学校の教育目的を達成するため，教育的配慮の下に行われなければならない。その実施に際しては，児童生徒の心身の状況の変化への注意や指導後のフォローを忘れることなく，保護者等の理解と協力を得られるように努めることが重要である（文部科学省 2022: 103-105）。

児童生徒に対する懲戒行為が体罰に当たるかどうかは，当該児童生徒の年齢や健康，心身の発達状況，場所や時間といった環境などの諸条件を総合的に考察し，個々の事案ごとに判断する必要がある。その懲戒の内容が身体的性質のもの，すなわち，身体に対する侵害（「有形力の行使」という）を内容とするもの，児童生徒に肉体的苦痛を与えるようなものに当たると判断された場合は，体罰に該当する（文部科学省 2013b）。たとえば，「授業態度について指導したが反抗的な言動をした複数の生徒らの頬を平手打ちする」といった行為や，「部活動顧問の指示に従わず，ユニフォームの片づけが不十分であったため，当該生徒の頬を殴打する」といった行為は，教職員による不適切な指導と考えられうるものであり，体罰と判断される場合がある[2]。

しかし，有形力の行使すべてが体罰に該当するわけではないことにも留意する必要がある。たとえば，口頭注意と変わらない程度の肉体的苦痛を与え

るようなものは，「スキンシップ」として懲戒の範囲内とされる（小泉編 2010: 55）。さらに，児童生徒から受けた暴力行為に対して，教員等が防衛のためにやむを得ず有形力を行使し，児童生徒に対する身体への侵害や肉体的苦痛を与えた場合，および，他の児童生徒に被害を及ぼすような暴力行為に対する制止や危険回避目的でやむを得ず有形力を行使した場合は，体罰には該当しないとされている。これらの行為については，正当防衛または正当行為等として刑事上または民事上の責めを免れうる（文部科学省 2013b）。

　このように，懲戒と体罰との境界は非常に曖昧であり，何が懲戒で何が不適切な指導や体罰に該当するのかは，個々の事案一つひとつを丁寧に判断する必要がある。とはいえ，体罰は学校教育法で明確に禁止されている。したがって教員には，決して体罰を行わないよう，日常の教育活動を行う中で体罰や不適切な指導に関する知識や考え方を常にアップデートすることが求められる。

2.　体罰の実態とその発生状況

　ここで，2020年度における体罰の実態とその発生状況を確認しよう。以下の**表8.3**は，体罰の発生学校数と発生率を，学校段階別に示したものである[3]。

　表8.3によれば，2020年度の体罰発生率は全学校段階を総合して約0.99

表8.3　体罰の発生学校数および発生率（2020年度，国公私立合計）

	発生学校数 A	学校数 B	発生率（A/B）
幼稚園	1（校）	9,698（校）	0.01（%）
小学校	123	19,525	0.63
中学校	135	10,142	1.33
義務教育学校	0	126	0.00
高等学校	175	4,991	3.51
中等教育学校	1	56	1.79
特別支援学校	18	1,149	1.57
合　計	453	45,687	0.99

（出所）文部科学省（2021）。

％となっており，それが最も高いのは高等学校（3.51%）である。また，中学校（1.33%）や中等教育学校（1.79%）の発生率も比較的高い。これらの結果から，体罰の発生率は中等教育段階以上でより高くなっていることがわかる。一方，小学校での体罰の発生率は相対的に低いものの（0.63%），その発生学校数は 123 校となっており，高等学校と中学校に次ぐ数値が示されている。

　続いて，体罰の発生状況を詳しくみてみよう。**表8.4** は体罰発生時の状況を示したものである。この表からは，体罰の発生場面や発生場所が，学校段階によって若干異なっている様子を読み取ることができる。たとえば，小学校において，体罰の発生場面は「授業中（65.0%）」，発生場所は「教室・保育室等（70.7%）」が最も多く，いずれも 50% を超えている。中学校・高等学校でも，「授業中（それぞれ 34.7%，40.7%）」と「教室・保育室等（それぞれ44.2%，44.3%）」は小学校同様に高い割合を示すものの，発生場面では「部活動（それぞれ 22.4%，30.9%）」，発生場所では「運動場・園庭，体育館・遊戯室（それぞれ 25.9%，35.6%）」の割合が，小学校と比べて大きく増加している。

　つまり，この**表8.4**の結果からは，学校段階が上がるにつれて体罰の発生

表8.4　体罰発生時の状況（2020 年度，国公私立合計）

区　分		幼稚園		小学校		中学校		義務教育学校		高等学校		中等教育学校		特別支援学校		合計	
(1) 場面	授業中・保育中	1	100.0%	80	65.0%	51	34.7%	0	0.0%	79	40.7%	0	0.0%	6	31.6%	217	44.7%
	放課後	0	0.0%	5	4.1%	17	11.6%	0	0.0%	14	7.2%	1	100.0%	0	0.0%	37	7.6%
	休み時間	0	0.0%	22	17.9%	17	11.6%	0	0.0%	11	5.7%	0	0.0%	4	21.1%	54	11.1%
	部活動	0	0.0%	0	0.0%	33	22.4%	0	0.0%	60	30.9%	0	0.0%	0	0.0%	93	19.2%
	学校行事	0	0.0%	1	0.8%	4	2.7%	0	0.0%	8	4.1%	0	0.0%	0	0.0%	13	2.7%
	ホームルーム	0	0.0%	2	1.6%	8	5.4%	0	0.0%	5	2.6%	0	0.0%	2	10.5%	17	3.5%
	その他	0	0.0%	13	10.6%	17	11.6%	0	0.0%	17	8.8%	0	0.0%	7	36.8%	54	11.1%
(2) 場所	教室・保育室等	0	0.0%	87	70.7%	65	44.2%	0	0.0%	86	44.3%	0	0.0%	9	47.4%	247	50.9%
	職員室	0	0.0%	1	0.8%	2	1.4%	0	0.0%	4	2.1%	0	0.0%	0	0.0%	7	1.4%
	運動場・園庭，体育館・遊戯室	1	100.0%	13	10.6%	38	25.9%	0	0.0%	69	35.6%	0	0.0%	3	15.9%	124	25.6%
	生徒指導室	0	0.0%	0	0.0%	0	0.0%	0	0.0%	2	1.0%	0	0.0%	0	0.0%	2	0.4%
	廊下・階段	0	0.0%	16	13.0%	26	17.7%	0	0.0%	4	2.1%	0	0.0%	2	10.5%	48	9.9%
	その他	0	0.0%	6	4.9%	16	10.9%	0	0.0%	29	14.9%	1	100.0%	5	26.3%	57	11.8%

（出所）表 8.3 に同じ。

する状況も変化しており，学校全体としては「授業中」に「教室」で発生するケースが多いものの，中等教育以上では相対的に，「部活動」時に「運動場・体育館」で発生するケースが増加しているという傾向を確認できる。

3. 体罰と教員の処分の現状

　次に，体罰を行った教員の処分の現状を確認しよう。**図 8.1** は 2007 年度から 2013 年度までの，公立校教職員における処分（懲戒処分＋訓告）の現状を表したものである。図を参照すると，体罰は他の問題行為に比べて処分全体の件数が極めて多いことを確認できる（8,107 件）。ただし，これらの処分件数のうちおよそ半数（3,953 件）が，前述した桜宮高校の事件発覚後の単年度調査（2013 年度）で明らかとなったものだということに十分に留意する必要がある（文部科学省 2015）。また，体罰を行った教員の処罰実態に関して，それが発覚しても処分内容が他の問題行動に比べて実に甘いという指摘もな

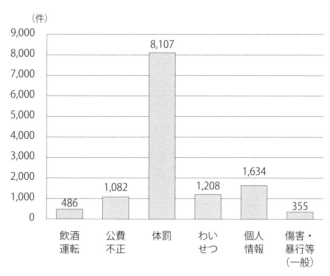

**図 8.1　公立校教職員における処分件数（懲戒処分＋訓告）
（2007-2013 年度）**

（出所）内田（2015: 124）。

されており（内田 2015: 123-124），今後は体罰による教員の処分に関して，より一層の毅然とした対応が求められている。

4. 体罰に代わる適切な指導に向けて

　ここまで確認してきたように，体罰はなお，その根本的な解決がなされないまま現在に至っている。日本では欧米にも先立って，明治時代初期から禁止規定が存在するにもかかわらず（江森 1989: 238-239），未だ体罰は生じている。それはいったいなぜなのだろうか。その理由の一つとして考えられるのが，日本社会では体罰行為自体が教育の一環として，さらには必要な指導の範疇としてとらえられてきた点である。

　坂本秀夫は，体罰には漠然とした支持が存在することを指摘し，それらを積極的／消極的という軸で区別している。そして，積極的肯定論の中心には「愛の鞭」という幻想が，消極的肯定論の中心には，体罰は必要悪でやむをえない，もしくは，他の措置に比べればましであるといった考え方があったと述べている（坂本 1995: 149-158）。また内田良は，朝日新聞が 2013 年に行った運動部活動に所属する大学生への調査結果をもとに，学生たちが，小中高時代に受けた暴力に一定の意義を認める実態を指摘し，「暴力の連鎖」および暴力への容認認識が運動部活動に漂っていることを指摘する（内田 2015: 126-129）。実際，大学で運動部活動に所属する学生のうち，小学校から大学までの運動部活動中での体罰経験をもつ学生の約 57.8％が，また，体罰経験のない学生でも約 40.2％が，「体罰は必要」だと回答しているデータもある（全国大学体育連合 2014: 12）。これらの知見を踏まえれば，世論や学校教員に加えて，一部の児童生徒や学生の間でも共有されている一定の「体罰容認認識」が，体罰の根本的な解決を難しくしてきたものと考えられる。

　繰り返しになるが，体罰は学校教育法で明確に禁止されており，決して行うべきではない。また，体罰でなくとも，いたずらに注意や過度な叱責を繰り返すことは，児童生徒のストレスや不安感を高め，子どもを精神的に追い詰めることにつながりかねない。教職員による体罰や不適切な指導（児童生徒への性暴力等も含む）が不登校や自殺のきっかけになる場合もあり，それら

はいかなる児童生徒に対しても決して許されない（文部科学省 2022: 105）。また，体罰は，児童生徒に対して力による解決への志向を助長させ，いじめや暴力行為などの連鎖を生む恐れもある。よって指導の場面では，教員が児童生徒一人ひとりをよく理解し，適切な信頼関係を築くように努めることが重要である。仮に懲戒が必要と認められる状況でも，決して体罰を行うことなく，児童生徒の規範意識や社会性の育成を図るよう，適切に懲戒を行い，粘り強く指導することが必要である（文部科学省 2013b）。そして機会あるごとに，体罰に関する理解を確かめながら，同僚の教職員や管理職との相談を通じて，体罰に代わる効果的な指導の在り方を絶えず模索していくことも大切である。

第3節　出席停止

　義務教育段階において，児童生徒に対して学校への出席を停止する措置がとられることがある。それを出席停止と呼ぶ。出席停止の措置は，校長および市町村の教育委員会の権限と責任において行われる。その裁量権の違いは，根拠となる法律の違いからくるものであり，学校教育法第35条に基づく出席停止（権限は各市町村の教育委員会）と，学校保健安全法第19条に基づく出席停止（権限は各学校の校長）に区分される。

1. 学校教育法に基づく出席停止

　学校教育法に基づく出席停止は，児童生徒の性行不良（生徒指導上の問題行動）に対する制度的措置という性格を有しており，その法的根拠は学校教育法第35条にある。問題行動を起こす児童生徒に対しては，未然防止と早期発見・早期対応が重要であるが，学校の秩序を破壊し，他の児童生徒の学習を妨げる暴力行為には，児童生徒が安心して学べる環境を確保するため，適切な措置を講じることが必要でもある。学校が指導を継続しても改善がみられず，正常な教育環境を回復するために必要な場合は，十分な教育的配慮の

下で，出席停止などの毅然とした対応を行う必要がある（文部科学省 2022:
141-142）。

なお，学校教育法第 35 条に基づく出席停止命令は，市町村教育委員会の
権限と責任において，児童生徒本人ではなくその保護者に対して実施される
ことに十分留意したい。

学校教育法

第 35 条　市町村の教育委員会は，次に掲げる行為の一又は二以上を繰り返し
　　行う等性行不良であつて他の児童の教育に妨げがあると認める児童がある
　　ときは，その保護者に対して，児童の出席停止を命ずることができる。
　　　一　他の児童に傷害，心身の苦痛又は財産上の損失を与える行為
　　　二　職員に傷害又は心身の苦痛を与える行為
　　　三　施設又は設備を損壊する行為
　　　四　授業その他の教育活動の実施を妨げる行為
　②市町村の教育委員会は，前項の規定により出席停止を命ずる場合には，
　　あらかじめ保護者の意見を聴取するとともに，理由及び期間を記載した
　　文書を交付しなければならない。
　③前項に規定するもののほか，出席停止の命令の手続に関し必要な事項は，
　　教育委員会規則で定めるものとする。
　④市町村の教育委員会は，出席停止の命令に係る児童の出席停止の期間に
　　おける学習に対する支援その他の教育上必要な措置を講ずるものとする。

文部科学省「出席停止制度の運用の在り方について（通知）」（2001 年 11 月
6 日付）によれば，学校教育法第 35 条に基づく出席停止制度の趣旨や意義は，
当該児童生徒本人に対する懲戒という観点からではなく，学校の秩序を維持
し，他の児童生徒の義務教育を受ける権利を保障する観点から設けられてい
る点にある。その運用に当たって，市町村教育委員会はあらかじめ保護者の
意見を聴取するとともに，出席停止の理由および期間を記載した文書を交付
しなければならない（文部科学省 2022: 106）。

このように，学校教育法第 35 条に基づく出席停止措置を運用する際は，
他の児童生徒の安全や教育を受ける権利を保障することはもちろん，出席停
止期間中の学習支援など教育上必要な措置を講じることで，性行不良の当該

児童生徒についても，その教育を受ける権利を適切に保障することが必要である。

(1) 出席停止の現状とその動向

　では，出席停止の児童生徒はどの学年に多いのだろうか。文部科学省「児童生徒の問題行動・不登校等生徒指導上の諸課題に関する調査（旧：児童生徒の問題行動等生徒指導上の諸問題に関する調査）」によれば，1990年代以降，小学校での出席停止者数は，該当者がいる年度でも全国で1〜4件程度にとどまっており，むしろ該当者がいない年度の方が多い。一方，中学校での出席停止者数は，**図8.2**の通り推移している。

　図8.2によれば，中学校での出席停止者数は，1990年代後半では年間50件を超えていたものの，2000年代中盤以降は減少傾向にあり，令和以降は

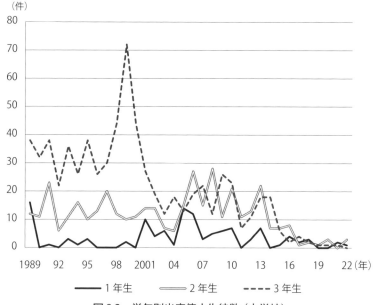

図8.2　学年別出席停止生徒数（中学校）

（出所）文部科学省（2023b）の結果をもとにして作成。

表 8.5 出席停止の理由別件数 (中学校)

	2000 年度		2005 年度		2010 年度		2015 年度		2020 年度	
	実数	割合 (%)	実数	割合 (%)	実数	割合 (%)	実数	割合 (%)	実数	割合 (%)
対教師暴力	19	34.5	16	38.1	21	28.4	4	19.0	***	***
生徒間暴力	22	40.0	11	26.2	19	25.7	5	23.8	***	***
対人暴力	0	0.0	2	4.8	2	2.7	5	23.8	***	***
器物損壊	1	1.8	4	9.5	3	4.1	1	4.8	***	***
暴力行為	***	***	***	***	***	***	***	***	4	66.7
授業妨害	7	12.7	1	2.4	18	24.3	3	14.3	1	16.7
いじめ	6	10.9	7	16.7	6	8.1	3	14.3	1	16.7
その他	0	0.0	1	2.4	5	6.8	0	0.0	0	0.0
計	55	100.0	42	100.0	74	100.0	21	100.0	6	100.0

(注) 2007 年度より複数回答可。また，2020 年度より「対教師暴力」「生徒間暴力」「対人暴力」「器物損壊」の項目がなくなり，新たに「暴力行為」が追加。
(出所) 文部科学省 (2023b) の結果をもとにして作成。

年間 2〜4 件となっている。学年別にみれば，出席停止者はおおむね中学 1年生が最も少なく，中学 2〜3 年生に多い。なお，2000 年代中盤以降，中学2〜3 年生の出席停止者数は，年度ごとに入れ替わりやすい状態にある。

　また，出席停止の理由別件数を示したのが**表 8.5** である。**表 8.5** を参照すれば，出席停止が適用された主な理由は児童生徒による暴力行為であること，なかでも「対教師暴力」と「生徒間暴力」の合計が，2005 年度あたりまで全体の 6〜7 割以上を占めていたことがわかる。

　一方，2010 年度以降は，2007 年度以降に複数回答が可能になった影響もあってか，そうした暴力行為に加えて，「授業妨害」や「いじめ」の割合が相対的に増加する。たとえば 2010 年度には，「対教師暴力 (28.4%)」や「生徒間暴力 (25.7%)」に対して，「授業妨害」は 24.3% となっている。また，2015 年度では，「対教師暴力 (19.0%)」に代わって「生徒間暴力 (23.8%)」や「対人暴力 (23.8%)」が最多となり，「授業妨害」や「いじめ」もそれぞれ 14.3% となっている。暴力行為に関する集計項目が変化した 2020 年においても，「授業妨害」や「いじめ」はそれぞれ 16.7% を占めている。

　このように，出席停止が適用される主な理由は長年，暴力行為がその上位を占めているものの，2010年度前後からは授業妨害やいじめなど，若干ではあるが，暴力行為以外の割合が相対的に増加している。

(2) 出席停止制度の運用と児童生徒への指導の継続

　ここで留意しておきたいのは，学校教育法第35条に基づく出席停止制度の運用は，学校が生徒指導において最大限の努力を行っても問題が解決しない場合の措置だという点である。この適用に当たっては，①「性行不良」であること，②「他の児童生徒の教育に妨げがある」と認められることの二つが基本的な要件であるが，何より大切なのは事前指導の在り方であり，児童生徒の問題行動に対応するためには，日ごろからの生徒指導を充実することが必要である。

　問題行動を起こす児童生徒に対する措置としては，出席停止のほか，児童福祉法や少年法に基づく措置等があり，必要に応じて，警察や児童相談所など関係機関との連携を図ることが考えられる。出席停止期間中の対応については，当該児童生徒に対して保護者が責任をもって指導に当たることが基本であり，市町村教育委員会および学校が保護者に対して自覚を促し，監護の義務を果たすよう積極的に働きかけることが極めて重要である（文部科学省2001, 2022: 106-107）。

　さらに，他の児童生徒に対する指導も忘れてはならない。学校では，他の児童生徒の動揺を鎮め，校内の秩序を回復するとともに，当該児童生徒が学校や学級へ円滑に復帰できるよう，他の児童生徒に対して適切な指導を行うことが必要である。また，スクールカウンセラーなど校内の教育相談の充実を図りながら，当該児童生徒による問題行動の被害者である児童生徒の心のケアについて配慮することも大切である（文部科学省 2001, 2022: 107）。

　最後に，児童生徒の指導を担当する教員には，問題を抱え込むことなく，家庭や地域社会，児童相談所や警察などの関係機関との連携を密にして，地域ぐるみの支援体制を整備して指導に当たることが求められている（文部科学省 2001）。そして出席停止の期間終了後においても，保護者や関係機関と

の連携を強めながら，当該児童生徒に対する指導・援助を継続することが求められる（文部科学省 2022: 107）ということを，確実に押さえておきたい。

2.　学校保健安全法に基づく出席停止

　学校保健安全法に基づく出席停止は，学校感染症の伝染防止に対する制度的措置という性格を有している。学校は，児童生徒等が集団生活を営む場であるため，感染症が発生した場合は感染が拡大しやすく，教育活動にも大きな影響を及ぼすこととなる。感染症の流行を予防することは，教育の場・集団生活の場として望ましい学校環境を維持するとともに，児童生徒等が健康な状態で教育を受けるためにも重要である（文部科学省 2013c: 1-4）。感染症の流行の予防のため，感染症にかかった，もしくはその疑いや恐れのある当該児童生徒に対する出席停止命令の権限と責任は各学校の校長に委ねられており（学校保健安全法施行令　第 6 条第 1 項），その法的根拠は学校保健安全法第 19 条にある。

> **学校保健安全法**
> 第 19 条　校長は，感染症にかかつており，かかつている疑いがあり，又はかかるおそれのある児童生徒等があるときは，政令で定めるところにより，出席を停止させることができる。

　なお，学校保健安全法施行規則第 18 条では，学校において予防すべき感染症（「学校感染症」と表記されることもある）の種類が**表8.6**の通りに定義されている。出席停止期間の基準は感染症の各種種別に異なり，その詳細は学校保健安全法施行規則第 19 条に記載がある。第一種の感染症は「治癒するまで」と定められている。一方，第二種の感染症はそれぞれ出席停止期間が異なり，たとえばインフルエンザ（特定鳥インフルエンザおよび新型インフルエンザ等感染症を除く）は，「発症した後 5 日を経過し，かつ，解熱した後 2 日（幼児にあつては，3 日）を経過するまで」と定められている。また，結核，髄膜炎菌性髄膜炎および第三種の感染症は，「病状により学校医その他の医師において感染のおそれがないと認めるまで」と定められている（以上，学

表 8.6　学校において予防すべき感染症 (学校感染症) の種類

第一種	エボラ出血熱, クリミア・コンゴ出血熱, 痘そう, 南米出血熱, ペスト, マールブルグ病, ラッサ熱, 急性灰白髄炎, ジフテリア, 重症急性呼吸器症候群 (病原体がベータコロナウイルス属 SARS コロナウイルスであるものに限る), 中東呼吸器症候群 (病原体がベータコロナウイルス属 MERS コロナウイルスであるものに限る) 及び特定鳥インフルエンザ
第二種	インフルエンザ (特定鳥インフルエンザを除く), 百日咳せき, 麻しん, 流行性耳下腺炎, 風しん, 水痘, 咽頭結膜熱, 新型コロナウイルス感染症 (病原体がベータコロナウイルス属のコロナウイルス (令和二年一月に, 中華人民共和国から世界保健機関に対して, 人に伝染する能力を有することが新たに報告されたものに限る) であるものに限る), 結核及び髄膜炎菌性髄膜炎
第三種	コレラ, 細菌性赤痢, 腸管出血性大腸菌感染症, 腸チフス, パラチフス, 流行性角結膜炎, 急性出血性結膜炎その他の感染症

(出所) 学校保健安全法施行規則第 18 条をもとにして作成。

校保健安全法施行規則第 19 条第 1 項〜第 3 項)。

　近年では, 学校で予防すべき感染症の種類や出席停止の期間の基準について, 現在の臨床の実態等に照らし合わせてこれらを改める必要性が指摘されている。こうした背景を受け, 学校保健安全法施行規則には予防すべき感染症が新たに追加されたり, 出席停止期間が見直されたりと, より感染症の実態に迫るような改正が行われている (文部科学省 2013c: 4-6)。たとえば, 2020 年以降全世界で流行し, 私たちの日常生活にも深刻な影響を与えた新型コロナウイルス感染症 (COVID-19) は, 発生から長らくの間, 学校保健安全法に定める第一種の感染症とみなされていた。その後, 学校保健安全法施行規則の一部改正 (令和 5 年 4 月 28 日公布, 同年 5 月 8 日施行) によって, インフルエンザと同じ第二種の感染症にその位置づけが変更された (文部科学省 2023a)。なお, その出席停止期間については, 「発症した後 5 日を経過し, かつ, 症状が軽快した後 1 日を経過するまで」を基準とすることが定められている (学校保健安全法施行規則第 19 条第 2 項チ)。

　感染症は, 感染後の対策ももちろん重要だが, その予防が最も大事である。児童生徒に対して, うがい, 手洗いの励行や, 身の回りを清潔に保つなど, 日々の生活における感染症予防はもちろんのこと, 必要な予防接種についてもその接種推奨が望まれている (文部科学省 2013c: 1)。教員にはそうした感

染症に際し，児童生徒に対して積極的に予防を働きかけるとともに，自分自身が感染症にかかることのないよう，日ごろから徹底した心掛けが求められている。

[内田　康弘]

● **考えてみよう！**

▶ あなたがこれまで在籍した学校の校則を取り上げ，それがどのような教育的意義をもって定められたものなのか，その背景を考えてみよう。

▶ 体罰の実際の事例を文献などで探し，体罰の発生状況やその背景を確認しつつ，教師がどのように適切な指導を行うことが望ましいか考えてみよう。

● **注**

1）懲戒には「事実行為としての懲戒」と「処分としての懲戒」という二つの概念がある。「事実行為としての懲戒」とは，児童生徒に肉体的苦痛を与えるものでない（体罰に該当しない）範囲で，注意，叱責，居残り，別室指導，起立，宿題，清掃，学校当番の割当て，文書指導などがある。一方，「処分としての懲戒」は，停学や退学などの学籍上の処分のことを指している。懲戒に対する関連法規は，学校教育法施行規則第26条を参照のこと。

2）体罰や不適切な指導に関するその他の参考事例に関しては，「学校教育法第11条に規定する児童生徒の懲戒・体罰等に関する参考事例」（文部科学省HP）や「運動部活動での指導のガイドライン」（文部科学省　2013），「運動部活動の在り方に関する総合的なガイドライン」（スポーツ庁　2018）や「文化部活動の在り方に関する総合的なガイドライン」（文化庁　2018）などを参照のこと。

3）2020年度は，新型コロナウイルス感染症流行の初年度であり，緊急事態宣言に基づく臨時休校（4〜5月）の影響で，他の年度に比べて登校日数が大幅に少ないことに留意する必要がある。また，体罰の発生学校数は，「体罰の禁止及び児童生徒理解に基づく指導の徹底について（通知）」が出された2013年度以降，大きく減少しており，2020年度には合計453校と，体罰に対して社会的関心が高まった2013年度の9分の1となっている。こうして体罰の発生学校数が大幅な減少傾向にあることについては，その解釈を慎重に行う必要があるだろう。

● **引用・参考文献**

内田良（2015）『教育という病』光文社新書

江森一郎（1989）『体罰の社会史』新曜社

大島佳代子（2000）「わが国における校則訴訟と子どもの人権」『帝塚山法学』第4号：71-102

大津尚志（2022）「校則裁判（大阪府立高校黒染事件地裁判決，令和3年2月16日）に関する一考察」『武庫川女子大学 学校教育センター紀要』第7号：48-58

小泉令三編（2010）『よくわかる生徒指導・キャリア教育』ミネルヴァ書房

坂本秀夫（1986）『「校則」の研究』三一書房

坂本秀夫（1992）『こんな校則あんな拘束』朝日新聞社

坂本秀夫（1995）『体罰の研究』三一書房

全国大学体育連合（2014）「運動部活動等における体罰・暴力に関する調査報告書」

文部科学省（2001）「出席停止制度の運用の在り方について（通知）」

文部科学省（2013a）「体罰禁止の徹底及び体罰に係る実態把握について（通知）」

文部科学省（2013b）「体罰の禁止及び児童生徒理解に基づく指導の徹底について（通知）」

文部科学省（2013c）「学校において予防すべき感染症の解説」

文部科学省（2015）「平成25年度公立学校教職員の人事行政状況調査について」

文部科学省（2021）「体罰の実態把握について（令和2年度）」

文部科学省（2022）『生徒指導提要』

文部科学省（2023a）「学校保健安全法施行規則の一部を改正する省令の施行について（通知）」

文部科学省（2023b）「令和4年度　児童生徒の問題行動・不登校等生徒指導上の諸課題に関する調査」

●── COLUMN ──●

▶ 制服の着用と中高生としてのアイデンティティ

　現在，多くの中学生・高校生は，日々の学校生活で制服を着用している。近年では，「性的マイノリティ」の児童生徒への配慮から，性別にかかわらず選べる「ジェンダーレス制服」が一部の学校で導入されはじめるなど，制服のデザインの多様化が進んでいる。「なんちゃって制服」など制服を模したデザインの私服も人気があり，一部の中高生の間では，平日だけでなく休日も制服姿で過ごしている姿も見られる。

　日本で最初に制服が制定されたのは1879（明治12）年だと考えられており，小学校から大学まで制服の着用が普及したのは昭和初期のことである（難波2012）。1970年代後半から1980年代には校内暴力が社会問題となり，制服はそうした逸脱行動に対する学校側の生徒管理のツールとして，その役割や意味づけが強化されていった。一方，1990年代以降は制服のブランド化が進み，2000年代以降には「なんちゃって制服」が登場するなど，中高生の間ではファッション・流行の象徴（記号）という役割・意味が付与されていった。このように，制服をめぐる意味づけには，「生徒指導・生徒統制」という学校側の文脈に加えて，「若者文化・おしゃれ」という生徒側の文脈が付与・構築されながら，中高生としてのアイデンティティを形成する一因となってきた。

　さらに2010年代以降では，たとえば，不登校経験をもつ中学生が適応指導教室に通級するなかで制服を着用し，制服が「学校」を語るうえでの重要な構成要素であることが報告されている（阿部 2012）。また，筆者の調査では，高校中退経験をもつ通信制高校・サポート校の生徒が，転編入学前に通っていた「前籍校」の制服を着用して通学し，「普通の高校生活」を補償しようとする姿も明らかとなった。こうした報告からは，制服の着用が，不登校・高校中退経験をもつ生徒たちの心情においても，単なる服務規定という枠を超え，中高生としてのアイデンティティ形成の一因となっている可能性をうかがうことができる。

　このように，制服をめぐる意味づけは時代の変遷とともに変化しており，さまざまな場面において，制服は，中高生としてのアイデンティティを形成する一因となっている。今後は制服に関して，第8章で述べてきたような校則の一部としての側面だけでなく，その多面的な意味についてぜひ考えてみてほしい。　　　　　　　　　　　　　　　　　　　　　　　　　[内田 康弘]

＊阿部智美（2012）「適応指導教室で不登校生徒が語る『学校』の意味─制服着用をめぐる言語実践に着目して」『中央大学大学院研究年報（文学研究科篇）』第42号：109-124
＊難波知子（2012）『学校制服の文化史─日本近代における女子生徒服装の変遷』創元社

第9章

進路指導・キャリア教育の意義と原理

● 本章のねらい ●

　本章では，小学校から高等学校までの学校段階で教師が児童生徒に対して実施する進路指導・キャリア教育の意義と原理について概要をまとめる。その際，『高等学校キャリア教育の手引き』（文部科学省，2012年）などを活用して説明していく。

第1節　進路指導・キャリア教育とは

　進路指導とは児童生徒の進路について教師が指導することであり，キャリ

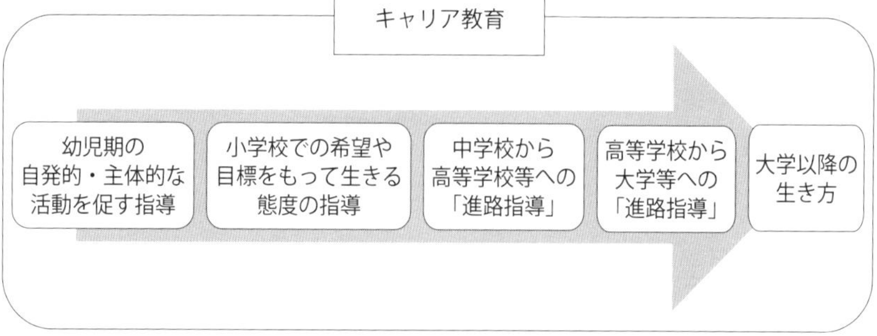

図9.1　進路指導とキャリア教育

ア教育とは児童生徒のライフ・キャリアについて教師が教育することである。進路指導とキャリア教育とは多くの部分で重複するものと考えられる。筆者のイメージは**図**9.1のとおりである。

　中学校や高等学校では原則として進路指導主事という役割の教師を配置することになっている。そして，進路指導主事を中心として進路指導の計画が進められている。そのため，中学校や高等学校では従来から進路指導という名称が使用されてきた。これに対して，キャリア教育は子供が小学校に入る前の段階から生涯を通じて生き方を考えさせる教育であり，進路指導よりも広範な意味をもつものである。

　『高等学校キャリア教育の手引き』でも，進路指導とキャリア教育の違いについて次のように述べられている。「キャリア教育が就学前段階から体系的に取り組んでいくべきものであることに対し，進路指導は中学校及び高等学校（特別支援学校中学部及び高等部を含む）に限定された教育活動であり，この点は両者の大きな違いです。」（文部科学省　2012: 236）

　しかし，一方で生き方指導の側面は進路指導もキャリア教育も共通している。過去においては進路指導という用語が使用され，1999年の中央教育審議会答申「初等中等教育と高等教育との持続の改善について」で「キャリア教育」という文言が文部科学省の審議会報告等で初めて登場する。以降は文部科学省でキャリア教育という用語が多用されるようになった。そして2013年頃を境として，「キャリア教育・進路指導」という用語が使用されるようになった。具体的な変遷のわかる資料を列挙すると**表**9.1のようになる。

表9.1　進路指導・キャリア教育の用語の変遷

西暦年	出来事等	関係機関
1970年	職業指導主事を進路指導主事と改称（藤本 1985: 4）	文部省
2002年	キャリア教育に関する総合的調査研究者会議　設置	文部科学省
2013年	キャリア教育・進路指導に関する総合的実態調査第一次報告書	国立教育政策研究所生徒指導・進路指導研究センター

　表9.1 からは，職業指導→進路指導→キャリア教育といった用語の変遷をみてとることができる。用語の揺れはあるものの，文部科学省によるキャリア教育の定義を示したい。

キャリア教育の定義

一人一人の社会的・職業的自立に向け，必要な基盤となる能力や態度を育てることを通して，キャリア発達を促す教育　　　　　（中央教育審議会 2011）

　そして，キャリア発達については，次のように定義している。

キャリア発達の定義

社会の中で自分の役割を果たしながら，自分らしい生き方を実現していく過程　　　　　　　　　　　　　　　　　　　　（中央教育審議会 2011）

　これらの定義を図示してみると次のようにキャリア教育を把握することができる。

図9.2　キャリア教育の特徴

第2節　進路指導・キャリア教育の意義

1. 進路指導・キャリア教育の意義

　中央教育審議会は，キャリア教育に取組む意義を次の3点に整理している。

・第一に，キャリア教育は，一人一人のキャリアの発達や個人としての自立を促す視点から，学校教育を構成していくための理念と方向性を示すものである。各学校が，この視点に立って教育の在り方を幅広く見直すことにより，教職員に教育の理念と進むべき方向が共有されると共に，<u>教育課程の改善</u>が促進される。

・第二に，キャリア教育は，将来，社会人・職業人として自立していくために発達させるべき能力や態度があるという前提に立って，各学校段階で取り組むべき発達課題を明らかにし，日々の教育活動を通して達成させることを目指すものである。このような視点に立って教育活動を展開することにより，学校教育が目指す<u>全人的成長・発達</u>を促すことができる。

・第三に，キャリア教育を実践し，学校生活と社会生活や職業生活を結び，関連付け，将来の夢と学業を結び付けることにより，生徒・学生等の学習意欲を喚起することの大切さが確認できる。このような取組を進めることを通じて，学校教育が抱える<u>様々な課題への対処</u>に活路を開くことにもつながるものと考えられる。
　　　　　　　　　　　　　（中央教育審議会（2011: 19-20）下線は筆者による。）

　中央教育審議会によると，キャリア教育を進めることで，教育課程が改善され，学校のさまざまな問題に対処でき，児童生徒の全人的成長・発達が促進されるとしている。

　なお，学問上は関連する博士論文にどのようなものがあるのかということも意義を考える指標の一つとなる。そのため，進路指導・キャリア教育でどのような研究が行われてきたかについて，CiNiiで調べてみた。その結果，題目にそれぞれを含むものとしては，2024年2月現在，進路指導で12件，キャリア教育で22件の博士論文が確認できる。進路指導については，進路指導の基礎的研究，学校種または学校段階に特化した進路指導研究，海外の進路指導に関する研究に区分できる。進路指導・キャリア教育の積極的な価値としては，自己理解，自己効力感，就業支援，親性準備などとの関係を指

摘することができる。

2.　小学校の進路指導・キャリア教育の内容

　小学校では従来進路指導という用語はあまり使用されて来なかった。CiNii の論文でも，「小学校進路指導」では，2022 年 2 月現在，3 件の論文しか検索できない。それに対して「小学校キャリア教育」では，91 件の論文が検索できる。そのため，研究面では小学校はキャリア教育という用語が主流である。

　小学校のキャリア教育は『小学校キャリア教育の手引き』（文部科学省 2022）が指導の基本書となる。そこでは，キャリア教育を通して育成すべき能力「4 領域 8 能力」が紹介されている。具体的には，人間関係形成能力の領域の自他の理解能力とコミュニケーション能力，情報活用能力の領域の情報収集・探索能力と職業理解能力，将来設計能力の領域の役割把握・認識能力と計画実行能力，意思決定能力の領域の選択能力と課題決定能力が示されている（文部科学省 2022: 11）。各学年段階におけるキャリア教育の 24 例の中で，特別活動の学級活動（7 例），クラブ活動（1 例），学校行事（2 例）も紹介されている。特別活動は，伝統的にキャリア教育を実施するために適した領域の一つである。

　ここでは例として特別活動の目標や内容とキャリア教育の関連を見てみよう。特別活動は教師の創意工夫を生かした教材を選定しやすく，多様な教育方法を活用できるため，例とした。特別活動は全体の目標，学級活動の内容，学校行事の内容などでキャリア教育との関連を図ることができる。これらを図にすると図 9.3 のようになる。

　図 9.3 は特別活動の目標，内容，指導計画の作成と内容の取扱いの語句を活用して組み立てたものである。目標については望ましい集団活動，個人的な資質，社会的な資質，自主的実践的な態度，自己の生き方があるが，その最後の部分を二つに分けた。内容については学級活動については仕事，夢や希望，人間関係，働くことの意義の部分で，その下が学校行事の勤労生産・奉仕的行事の部分である。

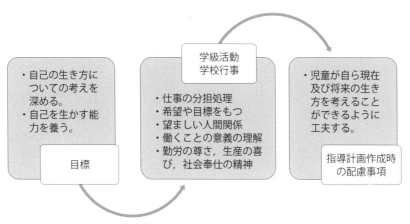

図9.3　小学校特別活動でのキャリア教育の構造例

（出所）文部科学省（2022: 58）をもとに作成。

とくに着目しているのは学級活動の共通事項の (2) に含まれる夢や希望の部分で，学習指導要領の正式な表現では「(2) ア　希望や目標をもって生きる態度の形成」という。希望は努力によって実現することが予見できる未来の状況，目標とはその未来の状況に到達するための目印でもある。キャリア教育は若者の自立を応援するものであるが，それは人が自己の将来を見通して現在の行為の選択をすることでもある。その基礎となるのは小学校での学級活動で，そこでの教育の結果としての希望と目標の維持は小学校のキャリア教育でとくに大切にしたい内容である。

3. 中学校・高等学校の進路指導・キャリア教育の内容と組織

　中学校と高等学校の進路指導とキャリア教育についても，まずは研究の動向について調査するために，CiNii で論文数を検索してみた。その結果，2024 年 2 月現在の状況は，**表9.2** のようにまとめることができた。なお，ここでは詳細な内容は省いて，論文題目による検索の論文件数のみを集計した。

　調査の結果，圧倒的に進路指導という名称での研究が多いこと，とくに高等学校の研究が多いことがわかった。これは，一つには進路指導という用語の使用期間が長いことと，原則として必置の主任として進路指導主事が校務

表 9.2　中学校・高等学校の進路指導・キャリア教育の研究

学校段階	進路指導	キャリア教育	計
中学校	147 件	11 件	158 件
高等学校	99 件	13 件	112 件
計	246 件	24 件	270 件

（出所）CiNii による調査（2024）。

分掌に位置づいていることなどが原因として考えらせる。逆の表現では，キャリア教育という用語が近年使われるようになったためまだ研究数は多くはなく，キャリア教育主任などの名称もまだ一般化していないことなどが背景として考えられる。

　中等学校と高等学校の進路指導について内容を詳しく見ていきたい。中等学校と高等学校では進路指導主事を中心として進路指導が組み立てられるため，進路指導主事の規定について説明する。

> **学校教育法施行規則**
> 第 71 条　中学校には，進路指導主事を置くものとする。
> 2　前項の規定にかかわらず，第三項に規定する進路指導主事の担当する校務を整理する主幹教諭を置くときは，進路指導主事を置かないことができる。
> 3　進路指導主事は，指導教諭又は教諭をもつて，これに充てる。校長の監督を受け，生徒の職業選択の指導その他の進路の指導に関する事項をつかさどり，当該事項について連絡調整及び指導，助言に当たる。

　学校教育法施行規則は，第 71 条において上のように定められている。ここでは，職務内容として「職業選択の指導」と「その他の進路の指導」についての連絡調整，指導，助言を実施する役割が規定されている。進路指導主事は教諭等の充当職であるため，一人では十分な指導等が困難である。そのため，同じく教諭等による進路指導部あるいはキャリア教育部を組織し，職業指導の側面と生き方指導の側面を意識して指導していくことになる。

　なお，進路指導・キャリア教育の手順としては，構内組織を整え，学校の全体計画を作成し，それに基づいて年間指導計画を作成することとなる。そ

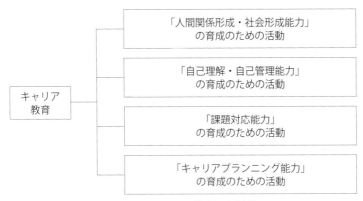

図9.4　キャリア教育の各活動

（出所）文部科学省（2022: 14）。

の計画に基づいて学期単位，月単位などで教育活動が展開される。

　キャリア教育については「基礎的・汎用的能力」の育成を目指しているため，具体的なキャリア教育の内容も目標に準拠して**図9.4**のように区分できる。

　ここでキャリア教育に特徴的な「キャリアプランニング能力」について説明しよう。『高等学校キャリア教育の手引き』では，「「働くこと」の意義を理解し，自らが果たすべき様々な立場や役割との関連を踏まえて「働くこと」を位置付け，多様な生き方に関する様々な情報を適切に取捨選択・活用しながら，自ら主体的に判断してキャリアを形成していく力」（文部科学省 2012: 22）と定義している。この定義のポイントは，情報の取捨選択と主体的な判断であろう。生徒がそれぞれに生き方についての情報の有益度に優先順位を付け，判断力を高めることがキャリアプランニングの基本である。常に情報の優先度を意識するためのメタ認知の能力も大切になる。

第3節　進路指導・キャリア教育の原理

1. 進路指導・キャリア教育についての原理

　進路指導とキャリア教育は重なる部分が大きいが，進路指導は社会的・職

155

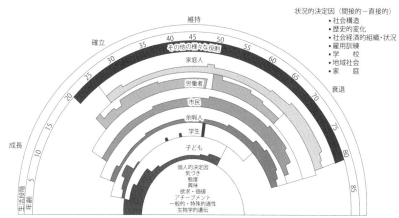

―ある男性のライフ・キャリア―

「22歳で大学を卒業し，すぐに就職。26歳で結婚して，27歳で1児の父親となる。47歳の時に1年間社外研修。57歳で両親を失い，67歳で退職。78歳の時妻を失い81歳で生涯を終えた。」 D.E.スーパーはこのようなライフ・キャリアを概念図化した。

図9.5　ライフ・キャリアの虹（Super 1985）

（注）文部科学省による訳。
（出所）文部科学省（2011: 24）。

業的自己実現を目指す活動であり，キャリア教育は「基礎的・汎用的能力」の育成といったコンピテンシーに基づく活動であることが異なる特徴といえよう。

　しかし，ここでは，いったん，これらを進路指導・キャリア教育として一括して扱い，その原理を明らかにしたい。原理とは，進路指導・キャリア教育を成立させる根本的な法則や理論のことである。

　進路指導・キャリア教育では生徒のキャリア発達の促進を目指している。このキャリア発達については「ライフ・キャリアの虹（life career rainbow）」として図9.5のようなモデルが提示されている。

　図9.5などからは，人にはそれぞれの生涯を見通して複数の役割があることがわかる。それは，子供，児童生徒学生，余暇人，市民，労働者，年金受給者，配偶者，家庭人，親などの役割である。

　「ライフ・キャリアの虹」はD. E. スーパー（Donald E. Super 1910-1994）

表9.3　日本の小学校・中学校・高等学校におけるキャリア発達

	小学校	中学校	高等学校	
就学前	〈　キ　ャ　リ　ア　発　達　段　階　〉			大学・専門学校・社会人
	進路の探索・選択にかかる基盤形成の時期	現実的探索と暫定的選択の時期	現実的探索・試行と社会的移行準備の時期	
	・自己及び他者への積極的関心の形成・発展 ・身のまわりの仕事や環境への関心・意欲の向上 ・夢や希望，憧れる自己のイメージの獲得 ・勤労を重んじ目標に向かって努力する態度の育成	・肯定的自己理解と自己有用感の獲得 ・興味・関心等に基づく勤労観・職業観の形成 ・進路計画の立案と暫定的選択 ・生き方や進路に関する現実的探索	・自己理解の深化と自己受容 ・選択基準としての勤労観，職業観の確立 ・将来設計の立案と社会的移行の準備 ・進路の現実吟味と試行的参加	

（出所）文部科学省（2022: 19）。

によって概念形成されたものである。スーパーはアメリカの研究者で，キャリア発達を成長期，確立期，維持期，衰退期などの段階に区分し，それぞれにキャリア発達課題があるとした。この考え方などを受けて，日本のキャリア教育でのキャリア発達も検討されてきた。日本の学校教育の場合，小学校，中学校，高等学校のキャリア発達について**表9.3**のように示されている。

　表9.3からは，日本の場合も小学校，中学校，高等学校でキャリア発達が完成するのではなく，就学前から大学・専門学校・社会人に至るまで継続するモデルと考えられている。そのうえで小学校は「進路の探索・選択にかかる基盤形成の時期」，中学校は「現実的探索と暫定的選択の時期」，高等学校は「現実的探索・試行と社会的移行準備の時期」としている。基盤形成，暫定的選択，社会的移行準備といった系統的なキャリア発達をもとに学校で進路指導・キャリア教育を進めていくことになる。そのため，一貫制の小中学校，あるいは中等教育学校では，学校内でそれぞれのキャリア発達段階の接続を強く意識した指導をしていくこととなる。また，先述の進路指導主事以外にキャリア教育主任を教諭等充当職として置く場合もある。

2.　小学校の進路指導・キャリア教育の方法

　小学校での進路指導・キャリア教育の方法は，校内組織を整備し，進路指導・キャリア教育の全体計画を作成し，年間指導計画を作成し，保護者や地

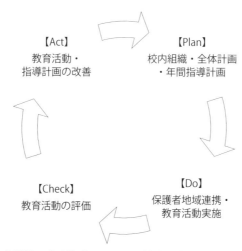

図9.6　小学校の進路指導・キャリア教育の方法の PDCA サイクル

域と連携し，教育活動を行い，教育活動の評価を実施し，次年度の指導の改善を図るという循環型の PDCA サイクル（Plan-Do-Check-Act Cycle）でとらえることができる（第4章でもみたが，PDCA サイクルは，もともとは経営管理論の用語で，活動時の管理業務の円滑化のための手法である）。

　進路指導・キャリア教育は，教育課程との関わりの中で，各教科，道徳科，外国語活動，総合的な学習の時間，特別活動に組み込んで実施される。学級担任制を原則とするため，総合的な視野からの進路指導・キャリア教育の展開を考えることとなる（林編 2014: 163-8）。

　その際，筆者が注目するのは OODA ループ（OODA Loop）である。これは，アメリカのジョン・ボイド（John Boyd）が提唱した意思決定の理論である。OODA ループとは観察（Observe）―状況判断（Orient）―意思決定（Decide）―行動（Act）のサイクルを繰り返して意思決定を健全化することである。教師集団での意思決定にも活用でき，教室内での教師個人の意思決定にも活用できる。意思決定モデルは直線型が多いが，OODA ループは行動（Act）の後に観察（Observe）がつながり，授業時間が終わるまで，または，教師の指導が完結するまでループ状に続くこととなる。

3. 中学校・高等学校の進路指導・キャリア教育の方法

中学校での進路指導・キャリア教育の方法も小学校と同様のサイクルで遂行され，教育活動の各場面での教師の意思決定が繰り返される点も同様である。高等学校の進路指導・キャリア教育では，問題行動に起因する自主退学の指導もあるため，正確な状況判断が大変重要になってくる（林編 2014: 38-43）。

また，進路指導・キャリア教育は大学進学との関係も大きいため，中学校や高等学校では短期的な視野からの重要性も高い（林ほか 2013: 157-158）。また，教科指導では教科書に明示的に進路指導・キャリア教育が組み込まれているわけではないため，教師は必要に応じて補充教材を活用するなど教材開発に力を入れることとなる（樋口ほか編 2009: 37-40）。

中学校・高等学校の教育課程の展開に進路指導・キャリア教育を含めていく方法とともに，「教科学習だけが学校じゃない」（東京学芸大学学校教育教室 2014: 27-46）というように，教育課程外の教育活動としても推進していく余地がある。具体的は，「平和的な国家及び社会の形成者」（教育基本法第1条）を目的とするため，休み時間，昼休み，掃除の時間なども生徒のニーズによっては進路指導・キャリア教育の一部として対応することもある。教師の適切な指導によっては，掃除の時間に勤労観について話すこともでき，休み時間などに生徒たちが将来の夢について語り合うことも可能である。

中学校の場合，職場体験学習が進路指導・キャリア教育の特徴的な例となる。そして，高等学校ではインターンシップが進路指導・キャリア教育の特徴的な例となる。それぞれに，特別活動，総合的な学習の時間などを活用して展開される。これらは，家庭や地域と連携して健康管理や安全管理などを行うため，教科指導とは異なる魅力や難しさがある。教師に求められる資質・能力の幅は広いことがわかる。

第4節　進路指導・キャリア教育の意義と原理のまとめ

近年，マネジメントの分野では，VUCA (Volatility, Uncertainty, Complexity,

Ambiguity) という表現で不安定・不確実・複雑・曖昧な現在の社会情勢を表現することがある。VUCA は児童生徒が自らの生き方をマネジメントしていく進路指導・キャリア教育においても意識しておきたい用語である。不安定・不確実・複雑・曖昧な現在の社会情勢は児童生徒が高等学校や大学などを卒業した後の社会的・職業的自立にも影響を与える。

　小学校で自己の生き方を考えるキャリア教育を展開する場合でも，不安定・不確実・複雑・曖昧な未来に対して自己の過去と現在の経験を総動員して希望や目標を達成する方向を模索する。高等学校修了までに，流動的な未来に対して「課題対応能力」を高め，常に自己の「キャリアプランニング能力」をメタ認知できる児童生徒を育てたい。進路指導・キャリア教育では，このように児童生徒が自己の将来を考えるために，「人間関係形成・社会形成能力」と「自己理解・自己管理能力」を重視している。前者が社会的資質，後者が個人的資質に属するものである。

　D. E. スーパーの「ライフ・キャリアの虹」(図9.5) にあるように児童生徒は将来，社会の中でより重層的な役割を担うことになる。そのための進路指導・キャリア教育を教師は常に PDCA サイクル (図9.6) で進めていくことになる。この PDCA サイクルは教師のみではなく，児童生徒の各個人が「キャリアプランニング能力」を問い直す際にも活用させたいサイクルでもある。

　進路指導・キャリア教育は，児童生徒の社会的・職業的自立を目指しつつも，最終的には「平和的な国家及び社会の形成者」の育成につなげていくものである。そのため，これまで職業指導，進路指導，キャリア教育という用語で実践されてきた教育による児童生徒の社会化を学校の主要な機能として再認識し，教師による適切な指導ができるようにすることが大切である。現在，進路指導・キャリア教育といった教育課程外の教育活動を重視して，教科等の「学習の場」としての学校というイメージから，社会的・職業的自立を見据えた「人間形成の場」としての学校へと意識を変えていく時期にきている。

［林　　尚示］

● 考えてみよう！

- ▶ 小学生に将来の希望や目標をもたせるにはどのようにしたらよいだろうか。小学校の低学年担任，中学年担任，高学年担任のそれぞれの立場でアイディアを出してみよう。
- ▶ 中学校や高等学校で進路指導・キャリア教育をしなかったら生徒はどのようになるだろうか。中学校の担任，高等学校の担任の立場で考えてみよう。高等学校については，普通科，専門学科，総合学科のそれぞれの学科の教師の立場で考えてみよう。
- ▶ 流動的な未来に向かって教師はどのように生活したらよいだろうか。現在の教育改革の潮流を意識して各自で考えてみよう。

● 引用・参考文献

中央教育審議会（2011）「今後の学校におけるキャリア教育・職業教育の在り方について（答申）」文部科学省

東京学芸大学学校教育教室（2014）『教職入門のための教育学』協同出版

林尚示（2014）『学校の「いじめ」への対応とその予防方法—「生徒指導」と「特別活動」の視点から』培風館

林尚示編（2014）『新・教職課程シリーズ　生徒指導・進路指導』一藝社

林尚示・服部伴文・村木晃（2013）『ワークシートで学ぶ生徒指導・進路指導の理論と方法』春風社

林尚示編（2012）『教職シリーズ5　特別活動』培風館

樋口直宏・林尚示・牛尾直行編（〔2002〕2009）『実践に活かす教育課程論・教育方法論』改訂初版，学事出版

藤本喜八（1985）「進路指導の定義の歩み」日本進路指導学会『進路指導研究：日本進路指導学会研究紀要』(6)：1-13

文部科学省（2011）『小学校キャリア教育の手引き〈改訂版〉』

文部科学省（2012）『高等学校キャリア教育の手引き』

文部科学省（2022）『小学校キャリア教育の手引き—小学校学習指導要領（平成29年告示）準拠』

Super, Donald E. (1985) New Dimensions in Adult Vocational and Career Counseling. *Occasional Paper*, No.106, National Center Publications, National Center for Research in Vocational Education.

▶ 特別活動におけるキャリア・パスポートの活用

　文部科学省 (2019) は，「児童生徒が，小学校から高等学校までのキャリア教育に関わる諸活動について，特別活動の学級活動及びホームルーム活動を中心として，各教科等と往還し，自らの学習状況やキャリア形成を見通したり振り返ったりしながら，自身の変容や成長を自己評価できるよう工夫されたポートフォリオのことである」とキャリア・パスポートについて説明している。

　特別活動の学級活動及びホームルーム活動を中心とするのは，小・中学校の学級活動及び高等学校のホームルーム活動に「(3) 一人一人のキャリア形成と自己実現」が設けられており，キャリア教育の視点から繋がりが明確だからである。小学校入学から高等学校卒業までキャリア・パスポートを用いることによって，児童生徒の変容や成長を可視化することができる。

　次に，教師の意識を中心に述べていきたい。教師によって，キャリア・パスポートに対する意識が違うことは避けたい。なぜならば1年単位のものではなく，校種・学年を越えて継続的に使うものであるからだ。学級活動及びホームルーム活動を行う教師が，この存在を軽く見るのであれば，本来もつべき繋がりが途切れてしまう危険性がある。そして，一つひとつの特別活動に対して共通の認識をもっているかどうかも大切である。極端な例ではあるが，運動会や学芸会を楽しむためにあると思っている教師であれば，児童生徒の記述も「楽しかった」「面白かった」といった有様になってしまう。特別活動が何のためにあるのか，学年全体や学校全体で共有することが必要である。

　最後に児童生徒への関わり合いである。読書感想文がすぐに書ける児童生徒もいれば，なかなか書くことができない児童生徒もいる。自分の役割について，1を100のように評価する児童生徒もいれば，100を1のように評価する児童生徒もいる。たしかに自分のことを書くのは難しいことで，「書いてごらん」といって，何を書けばいいのかわからないことは当たり前である。そのような児童生徒に対しては，今書いてある記述から教師がコメントを入れてみたり，何も書いていなければ書き出しを少し手伝ったりして，児童生徒の思いを引き出すのもいいかもしれない。また「何も書けない」というのも，思春期にあたる中・高校生にとっては，一つの成長の証だととらえることもできる。100を1のように評価する児童生徒に対しては，普段の頑張りについて声かけをすると，振り返りの1つのきっかけになるかもしれない。つまり，キャリア・パスポートはただあるだけでは成り立たず，キャリア・パスポートに対して高い意識をもち，児童生徒理解に励む教師の存在が不可欠である。

〔小川眞理絵〕

＊文部科学省初等中等教育局児童生徒課 (2019) 事務連絡「『キャリア・パスポート』資料例示等について」(平成31年3月29日)

第10章

「やりたいこと」と進路指導

● **本章のねらい** ●

　本章では，さまざまな社会状況の中で児童生徒にどのような進路指導をしたらよいのかを考えていきたい。学校の教員には，多様な生徒に対して，それぞれに合わせた進路指導を行うことが求められる。そうした際に重視することのひとつとして，生徒自身の「やりたいこと」があげられるだろう。皆さんも，これまで学校で，「やりたいことは何か」と問われたことがあるかもしれない。しかしながら，生徒の中には「やりたいこと」がなかったり，「やりたいこと」の実現可能性が低かったりする者もいる。本章では，進路指導における「やりたいこと」について再考し，より適切な進路指導とは何かについて検討する。

第1節　進路指導とは何か

　皆さんは「進路指導」と聞いて，何を思い浮かべるだろうか。

　中学校の進路指導というと，三者面談，試験や内申，志望校，受験，併願，面接指導などを思い描くのではないだろうか。高校なら，就職，総合型選抜や指定校推薦，大学入学共通テストなどが加わるかもしれない。ただし，これらは一般に「出口指導」といわれる指導にかかわることがらであり，進路指導の概念はもっと広い。まずはこのことを確認しよう。

　小・中学校学習指導要領の総則では，キャリア教育について「児童（生徒）が，学ぶことと自己の将来とのつながりを見通しながら，社会的・職業的自立に向けて必要な基盤となる資質・能力を身に付けていくことができるよう，特別活動を要としつつ各教科等の特質に応じて，キャリア教育の充実を図ること」と示されている（文部科学省 2022）。進路指導については，「その中で，生徒が自らの生き方を考え主体的に進路を選択することができるよう，学校の教育活動全体を通じ，組織的かつ計画的な進路指導を行うこと」（中学校）とある（文部科学省 2022）。これを読むとわかる通り，進路指導は，キャリア教育の中に含められており，次の進路（中学校なら高等学校など，高等学校なら大学や専門学校，就職など）を決めるための指導（出口指導）にとどまらない概念である。

　しかしながら，これまで実際の進路指導では，「子どもたちの変容や能力・態度の育成に十分結びついていなかったり，『進路決定の指導』や『出口指導』，生徒一人一人の適性と進路や職業・職種との適合を主眼とした指導が中心となりがちであった」（文部科学省 2004）。藤田晃之（2014）は，「進路指導の名の下に行なわれてきた出口指導」とキャリア教育は異なると述べ，進路指導とキャリア教育の関係について，「中学校，高等学校に限定すれば，これまでの進路指導とキャリア教育の間にはほとんど違いはない」としてその関係を**図 10.1** のように図示した。

　なお，「進路指導はかつて職業指導とも呼ばれたが，職業指導が就職のための指導（履歴書の書き方や面接指導）のみを指す概念であるとの誤解を避け

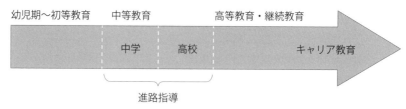

図 10.1　進路指導とキャリア教育との関係（概念図）

（出所）藤田（2014: 86）。

るため，また特定の職業や実務に関する専門的教育である職業教育との混同
を避けるため，名称が変更」となった（長谷川ら 2014: 16-17）。

第 2 節　児童生徒のなりたい職業

1.　なりたい職業ランキング

　子どもたちはどのような職業に就きたいと思っているのだろうか。ここで
は東京大学社会科学研究所とベネッセ教育総合研究所が実施した「子どもの
生活と学びに関する親子調査2015」より，小学生から高校生について，段
階を追って見てみよう（表10.1）。

　まず小学生の男子を見てみると，スポーツ選手（野球選手，サッカー選手）
の人気が高いことがわかる。女子は，ケーキ屋やパティシエ，保育士・幼稚
園の先生がトップにきている。しかし，中学生になると，男女ともに学校の
先生が急浮上する。高校生のランキングを見てみると，高校生男子の1位は
学校の先生，2位は公務員，3位は医師であり，女子の1位は看護師，2位
は保育士・幼稚園の先生，3位は学校の先生となっている。ここから中高校
生になると男女ともに，現実的な職業を具体的に考え始めていることが読み
とれる。

　しかしながら，小学生から高校生まで一貫して，なりたい職業は日ごろ目
にする機会の多い職業に偏っている[1]。野球選手やサッカー選手，あるいは
芸能人などは，直接的ではないかもしれないが，テレビなどで見る機会が多
い。また学校の先生や保育士・幼稚園の先生，医師は，児童生徒が日常的に
接する（接してきた）大人の職業そのものである。当たり前のことではあるが，
子どもたちは，自分が知っている範囲で「なりたい職業」を探し，その中か
ら現実的な職業を選択しようとする。

2.　「やりたいこと」重視がもたらすもの

　児童生徒が，こうした「なりたい職業」や「やりたいこと」を見つけ，そ

表10.1 「なりたい職業」ランキング（学校段階別・性別）

	小学生男子	(%)
1	サッカー選手	15.7
2	野球選手	9.5
3	医師（歯科医師を含む）	5.7
3	研究者・大学教員	5.7
5	ゲームクリエイター・ゲームプログラマー	4.7
	なりたい職業はない	40.3

	小学生女子	(%)
1	ケーキ屋・パティシエ	10.3
2	保育士・幼稚園の先生	9.3
3	医師（歯科医師を含む）	5.7
4	タレント・芸能人	5.6
5	看護師（助産師・保健師を含む）	5.3
5	デザイナー・ファッションデザイナー	5.3
	なりたい職業はない	26.1

	中学生男子	(%)
1	学校の先生	8.4
2	サッカー選手	7.7
3	医師（歯科医師を含む）	5.0
4	研究者・大学教員	4.4
5	ゲームクリエイター・ゲームプログラマー	4.0
	なりたい職業はない	57.1

	中学生女子	(%)
1	保育士・幼稚園の先生	11.1
2	看護師（助産師・保健師を含む）	8.9
3	学校の先生	7.2
4	医師（歯科医師を含む）	6.5
5	薬剤師	5.0
	なりたい職業はない	42.1

	高校生男子	(%)
1	学校の先生	13.0
2	公務員（学校の先生・警察官などは除く）	7.0
3	医師（歯科医師を含む）	6.7
4	研究者・大学教員	6.0
5	建築家	3.4
	なりたい職業はない	53.6

	高校生女子	(%)
1	看護師（助産師・保健師を含む）	11.6
2	保育士・幼稚園の先生	9.5
3	学校の先生	8.9
4	薬剤師	4.4
5	医師（歯科医師を含む）	4.2
	なりたい職業はない	39.4

（注）ランキング内の比率（％）はなりたい職業を書いた人を分母にしている。
（出所）東京大学社会科学研究所・ベネッセ教育総合研究所（2015）をもとにして作成。

れに向かって努力することは望ましい面ももちろんある。しかし，児美川（2013）は，「将来の目標があってこそ，目の前の課題に挑戦し，取り組む意欲も高まる」という「やりたいこと」重視の意義を認めたうえで，「やりたいこと（仕

事）」にこだわりすぎることは危ういと述べている。

　その理由は，以下の三つにまとめられている（以下，児美川 2013: 61-88）。一つめは，日本の職業世界では，医師や教師などの専門職や専門的職種を除くと，そもそもジョブ（仕事）に応じた採用や育成がされないにもかかわらず，キャリア教育では「やりたいこと（仕事）」を明確にすることが求められるという対応関係のずれである。それゆえ，「会社員」になりたいといった漠然とした希望をもった児童生徒は，「やりたいこと（仕事）」を問われたときに答えにくい。**表 10.1** を見ると，「なりたい職業」について多くの児童生徒が「ない」と回答していた。しかも，その割合は小学生の割合と中高生の割合とでは大きな開きがある（男子：小学生 40.3%→中学生 57.1%→高校生 53.6%，女子：小学生 26.1%→中学生 42.1%→高校生 39.4%）。こうした結果が出ているのは，児童生徒の一部は職業世界の実態に気づいており，とくにその境目が小学校と中学校にあるからなのかもしれない。

　二つめは，「やりたいこと（仕事）」の見つけ方が，主観的な視点に偏ってしまう可能性があることである。子どもや若者が職業（仕事）をよく知らないにもかかわらず，キャリア教育に促されて「やりたいこと（仕事）」を見つけようとすれば，それは，イメージ先行型の"憧れ"に近いものになるか，"出会い頭"に近い選択になってしまうかもしれない。児美川は，それよりも先に日本の産業構造や労働（仕事）の実態など職業や仕事についての理解を深める学習に力を入れることを薦めている。

　三つめは，「やりたいこと（仕事）」を，その実現性や社会的意味との関係で理解する視点が弱いという点である。児美川によれば，キャリア教育では，「やりたいこと」探しには熱心なのに，その「やりたいこと」が実現可能かどうかについての探求（判断）は，基本的に個人に任されている（ように思われる）という。児美川は，キャリア教育には，生徒に「夢」や「やりたいこと」を見つめさせ，目標に向けた努力を促すという役割と，生徒の希望と「現実」との"折り合い"をつけさせる役割があると述べている。

第3節　進路指導の変容

1. 職業指導から進路指導へ

　第1節で触れたように，進路指導はかつて職業指導と呼ばれていた。1947年に出された『学習指導要領　職業指導編（試案）』によれば，職業指導とは，「個人が職業を選択し，その準備をし，就職をし，進歩するのを援助する過程」とある（文部省 1947）。そこでは，(a) 各種の職業および職業人についての理解をもたせること，(b) 就職および進学の機会についての理解をもたせること，(c) 労働愛好の精神および態度を養成すること，(d) 職業および職業生活における研究的態度を育成すること，(e) 基礎的職業技能および応用の能力を養うこと，(f) 個性の自覚とその伸長をはかること，(g) 適当な職業を選択する能力を養成すること，(h) 適切な相談をすること，(i) 適切な就職指導をすること，(j) 適切な輔導をすること，が職業指導の目標とされた。

　その後，1957年に中央教育審議会が出した答申「科学技術教育の振興方策について」の中では，「職業指導」にかえて「進路指導」が公式文書として初めて使用されることとなった。そしてこれ以降，学校における職業指導は「進路指導」と呼ばれるようになったのである（望月 2007）。

　ところが，高校進学率の上昇を受けて，次第に進路指導の名の下に，「どこに進学するか」に重点がおかれた「出口指導」「受験指導」が行われるようになっていった。高校進学率は1974年に90％を超えている（**図10.2**）。多くの人が高校に進学するようになると，進路指導はより一層受験に向けての指導といった色合いが強くなった。

　こうした進路指導に対する批判を受けて1980年代より政策的議論が進み，1990年代から「本来の進路指導として「在り方生き方指導」への転換が推し進められることとなった」（望月 2007: 28-33）。望月は，「在り方生き方指導」を，「欧米の新自由主義を背景に，学校教育全体の組織的な課題として，生徒の個性・価値観を重視し，主体的な進路選択を援助する活動である」と定義している。

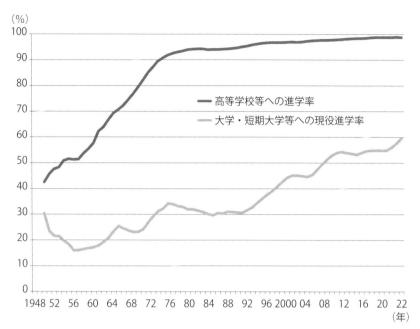

図10.2 高校等進学率と大学・短大等進学率の推移

(注1) 高等学校等への進学率：中学校卒業者及び中等教育学校前期課程修了者のうち，高等学校，中等教育学校後期課程及び特別支援学校高等部の本科・別科並びに高等専門学校に進学した者（就職進学した者を含み，過年度中卒者等は含まない。）の占める比率。なお，1984年からは通信制高校への進学者も含まれている。

(注2) 大学・短期大学等への現役進学率：高等学校及び中等教育学校後期課程本科卒業者のうち，大学の学部・通信教育部・別科，短期大学の本科・通信教育部・別科及び高等学校等の専攻科に進学した者（就職進学した者を含む。）の占める比率。なお，1984年からは通信制教育部への進学者も含まれている。

(出所) 文部科学省「学校基本調査」年次統計データより作成。

　本来の進路指導として推進された「在り方生き方指導」には生徒の進路意識が高まり，「分相応」意識が払拭され，生徒は難易度の高い大学を目指すようになるという功績がある。また彼らは「志望校選択」を主体的に，納得して行うという。しかしながら，こうした功績は，望月があげる「在り方生き方指導」の以下二つの問題点ともつながっている。第一に，難易度の高い大学に対するアスピレーション（野心）を加熱する効果があるという点，第二に，生徒が「入学校選択」を納得して行うことを困難にしうるという点で

ある（以上，望月 2007: 143-167）。つまり，生徒は進路意識が高まり，「志望校選択」を主体的に行っているため，そこに合格しなければ，その他の大学（進路）に納得して進むことは難しくなるのである。

　望月は「在り方生き方指導」の改善策として，「志望校合格にむけての手段の実行（学力の養成）」「現実吟味の強調（実現可能性の重視）」「入学校選択時の周囲のサポートの充実」をあげている（望月 2007: 150-156）。なお，これらはキャリア教育の観点から「やりたいこと」重視がもたらす危険性について児美川が述べたことと重なる部分が多い。高校（あるいは中学校）の進路指導においては，生徒の「やりたいこと」や「行きたい学校」を尊重し，それに向けた援助をするという役割と実現可能性をはかる役割，また進路を最終的に選ぶ段階ではそのサポートをする役割があるといえるだろう。

2.「やりたいこと」重視の進路指導

　それでは，「やりたいこと」に偏重した進路指導はどのような帰結をもたらすのだろうか。

　このことを考えるうえでは，「なりたい職業」に向けた「夢追い」型の指導を批判的にとらえた荒川（2009）が参考になる。彼女は，人気が高く（Attractive），希少で（Scare），学歴不問の（UnCredentialized）職業を，その頭文字をとってASUC職業と名づけた。それはたとえば，先ほどの「なりたい職業」ランキングにも出ていた「ファッションデザイナー」「野球選手」「サッカー選手」「漫画家」「イラストレーター」などである。こうした職業は大卒などの学歴や国家資格を必要としないため，学歴や資格を手に入れることをやめてしまう人も少なくないが，目指した職業に就けない場合のリスクは非常に高い（荒川 2009: 83）。

　学校ランクが上位・中位の高校では，受験に特化した進路指導・科目指導が行われているため，ASUC職業を希望していた生徒も次第に大学進学を意識するようになり，ASUC職業や専門学校を希望する生徒は減っていく。しかし，その一方で，下位の高校では，生徒の「興味・関心」「将来の夢」に重きをおいた進路指導・科目選択指導が行われているため，ASUC職業

170

や専門学校を希望する生徒は減少しない。下位の高校では，「受験に向けた教育がほとんど行われず，生徒に将来を考えさせ，そのまま放任する教育—「夢追い」型の指導—」が行われているのである（荒川 2009: 177）。高校卒業後の進路選択についても，生徒の自由な選択・自己決定を認めており，特定の進路を勧めない。その理由について，ある教員は以下のように説明している。

> うちから行くとやっぱりすごく大変なんですよね。基礎学力があまり身についてないで大学入ったら。だとすれば他の進路の方がいいんじゃないかなって考えてる人は多いと思いますよ。……正直うちの子は大学に行けるだけの基礎学力がないし，専門学校希望や就職が悪いわけじゃないし。……ないですね。うん。（どの進路が良いとは）全体には絶対話せない，話さないですね。
>
> （荒川 2009: 154）

このように「やりたいこと」を重視した進路指導は，教員が特定の進路を勧めないかたちで行われている。大学進学が選択肢として外されていればなおさら，生徒の不確実な将来に対して，教員が何らかの道しるべを示すことは難しいのだろう。四年制大学から，トリマー（ASUC 職業）になるため専門学校に進路変更した生徒は，先生に話した際にも，「特に止められなかった」という（荒川 2009: 170）。こうした進路指導によって，一部の生徒は夢に引きつけられ，学歴や資格を獲得しない状況が生じるのである（荒川 2009: 181-182）。

しかしながら，進路指導はキャリア教育の中に位置付けられていることを考えれば，特定の進路を勧めなくとも，生徒が希望している職業（進路）の一般的な実現可能性を提示したり，その職業に就くための道筋を紹介したり，あるいは他の職業との関連性を説明したりすることが必要だと考えられる。

第4節　進路指導の在り方

　学校には，さまざまな事情を抱えた生徒が在籍している。たとえば，不登校の生徒，外国籍の生徒，ひとり親の生徒，児童養護施設に入所している生徒，病気療養中の生徒，非行傾向がある生徒など，挙げればきりがない。進路指導はこうした生徒一人ひとりの事情によって異なる。ここではおもに社会経済的に困難な生徒について，中学校の進路指導と高校入学以降の進路指導に分けて考えてみよう。

1.　中学校の進路指導

　現在，日本の高校等進学率は全体で99.1％であるが，内閣府による「令和3年度子供の貧困の状況及び子供の貧困対策の実施状況」によれば，生活保護世帯の子どもの高等学校等進学率は93.7％と報告されており，その低さが社会的課題となっている[2]。また中学校卒業後の就職率は1.0％である。

　中学校卒業後の進路を決定するのは，具体的には中学3年生のときであるが，志望校を決定するには，本人の意思や学力や成績（内申）のほか，家庭の経済状況や家族の意見が絡んでくる。こうした複雑な事情を理解するために，筆者が出会ったさまざまな中学生の中から，中学校卒業後は高校に進学しないことを「選択」した生活保護世帯のカナ（仮名）の事例を見てみよう。

●カナの事例（中学校卒業後，高校非進学）

　カナは小学校の頃から授業を抜け出すことがあり，勉強が得意ではなかった。中学校入学後は運動部に入部したが，友達付き合いがうまくいかなかったため，途中で退部した。高校入試時期になり，母親に定時制高校に行きたいことを伝えると，「ハルナ（カナの姉）みたいになっちゃうからダメ」だと反対された。学級担任からは，「（定時制高校か通信制高校か就職か）決めるのはお前。お前が高校行く気あるなら，行けそうな学校を紹介する」という話をされた。カナは通信制高校に見学に行ったが，「自分には合わ

ないかな」と思った。家庭のために「自分が働いて（お金を家に）入れた方がいいかな」と考えるようになり，中学校卒業後は進学せず，アルバイトを探すことにした。 (林 2016: 129-131 をもとに修正)

このように，中学校での進路指導では，生徒自身の意思が尊重される傾向がある。担任はカナが自ら「進路決定」をすることを待っており，高校に行きたいならその手助けをすると伝えたが，カナは高校に行かずに働いた方がよいと判断した。本人の話によれば，その背景には，①成績や学力の面から全日制高校への進学は選択肢としてなかったこと，②家族は定時制高校への進学を反対していたこと，③通信制高校は自分には合わないと感じたこと，④働いてお金を家に入れた方がいいと考えたこと，があった。彼女は，最終的に中学校卒業後，働くことを「選択」した。進路は常に本人の意思だけでなく家庭の経済状況や家族の意見が関係する。

中学校での進路指導は，おもに高校進学に向けて行われる。その中で，客観的に見ればリスクが高いと思われる進路を生徒が「選択」しようとしているときに，教師はどのような進路指導をしたらよいのだろうか。

まずはなぜそのような進路に進もうとしているのか，その理由を把握することが必要であろう。そして進学可能な高校を情報として提示してから，本人の意思を確認するという順序が妥当ではないだろうか。成績がネックになっている場合には，学力試験や調査書が問われない高校を紹介することで，高校には行きたくないと言っていた本人の意思が変わる可能性もある。また経済的な問題がある場合には，奨学金の情報を提供したり，入学検定料免除の手続きを紹介したりすることで，経済的な負担だけでなく心理的な負担も軽減されるだろう[3]。進路指導は進路に関する情報提供という意味でも重要な役割がある。

2. 中学校以降の進路指導

ここに，中学校卒業者を 1,000 人とした場合の推計がある（**図 10.3**）（日下田 2021）。これによれば，高校に入学するのは 970 人であり，そのうち卒業

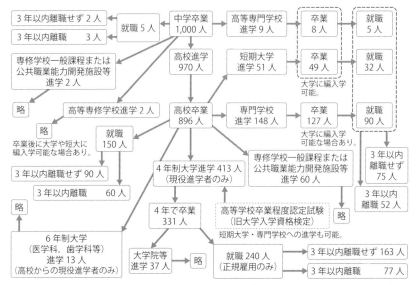

注：文部科学省「学校基本調査」，厚生労働省「新規中卒就職者の事業所規模別離職状況」・厚生労働省「新規高卒就職者の事業所規模別離職状況」・厚生労働省「新規大卒就職者の事業所規模別離職状況」，東京大学政策ビジョン研究センター（2014）を利用した。専門学校進学者の中退率は，東京大学政策ビジョン研究センター（2014）を参考に14％だと仮定した。

図10.3　高校入学者を100人とすると…（推計）

（出所）日下田（2021: 187），（児美川（2013）を参考に日下部作成）。

するのは896人，大学や短大に進学する者は477人，専門学校等に進学するのは148人，就職するのは150人である。最終的に高校や高等専門学校，大学，専門学校等を卒業して，就業を3年以上継続している者は，合計して328人に過ぎない。約6割は，学校や仕事をやめたり，あるいは学校卒業後，未就職の状態になったりしている。こう考えてみると，進路指導は「出口指導」におさまらないことが改めて理解できるだろう。

　高校入学以降，不登校傾向のあったリカ（仮名）の事例を紹介しよう。彼女もまた生活保護世帯に育ったが，不登校の期間に高卒認定試験を受験し，高校を3年間で卒業して，大学進学を果たした。

●**リカの事例（中学校卒業後，公立全日制総合学科（単位制）入学，その後大学進学）**

　リカは中学校時代に不登校の時期があったが，学力検査を必要としない試験で単位制の全日制総合学科の高校に入学した。彼女は高校に入学してからも，体調が優れず，学校に通えない時期があったため，担任から単位を落とす可能性が伝えられた。ただし，それと同時にリカは，単位制高校であるため，1年かけて落とした単位だけとれば，4年で卒業できるという説明も受けた。また担任は高卒認定試験についても触れていた。彼女は，通信制高校に転入（転学）したいと考えたが，それに対して母親は取り合わない様子であった。リカは，「勉強したい」という思いから大学進学を考えていたため，高卒認定試験について調べ，受験することにした。その結果，彼女は高1で落とした単位をすべて高卒認定試験で読みかえることができた。家庭でのいざこざはあったものの，最終的に，リカは奨学金と祖母の援助で，奨学金制度が豊富な私立大学に進学した。

（林 2016: 169-173 をもとに修正）

　このように，高校に入学した後も，生徒は他の学校への転入（転学）や，高校中退を考える（考えざるをえない）場合がある[4]。高校を中退した生徒にとって，比較的編入しやすい高校は定時制か通信制であるが，高校をいったん離れたあと，次の学校を見つけるのは容易ではない。そのため，中途退学については，より慎重に考えなくてはならない。どうしても中退するとなった場合には，次の学校を探したり，あるいはほかの方法を考えたりしておくことが望ましいだろう。

　また大学進学を考えている場合には，高校を卒業しなくとも，高卒認定試験に合格することで，大学受験資格が得られる。こうした情報も一般の高校生には知られていないことが多い。若者が歩む進路として，さまざまなパターンがあることを想定しながら，進路指導は行われる必要がある。

第5節　これからの進路指導

　第4節では，社会経済的に困難な生徒に焦点をあてながら，彼らの「やりたいこと」と進路指導について述べてきた。中高生の進路については，家庭の経済状況や家族の意見が大きく関わることから，彼らの状況把握と適切な情報提供が求められる。

　高校中退者は，学力が下位の高校に多いこと，またそうした高校には経済的に困難を抱える生徒が多いことが明らかにされている（青砥 2009）。また生活保護世帯の子どもを対象とした調査では，高校非進学者や定時制高校から中退した者は，その後，学校教育に戻らない（戻れていない）ことがわかっている（林 2016）。社会経済的に困難を抱えている子どもは進路についても不利を被りやすい。そのため，教師は，彼らにとって重要な支援者であり，貴重な情報提供者でもあることが求められている。

　「やりたいこと」というのは，生徒の主体性を尊重しようとすることではあるが，彼らは「やりたいこと」の有無に付随する責任も負うことになる。「やりたいこと」は何か，「やりたいこと」があれば応援する，という進路指導は，一部の生徒にとっては非常にリスクが高い。「やりたいこと」がないことは，自分が「やれること」を知らないだけかもしれない。また「やりたいこと」の背景には，彼らの選択肢のなさが隠されているかもしれない。

　「学校における進路指導や進路選択が，単に教育的な意味をもつだけにとどまらず，将来の社会・経済的な地位の決定に関係している」（苅谷 2003: 170）ことを考えれば，学校の進路指導として生徒がとりうる選択肢の提示や，奨学金や貸付制度の具体的な情報提供をより積極的に行うべきではないだろうか。教師は学校内外の関係者や機関，また家庭とも連携をとりながらキャリア教育および進路指導を行うことが求められている。

［林　明子］

● 考えてみよう！

▶ 中学校，高校時代にどのような進路指導を受けてきたか思い出してみよう。
家庭の方や周りの友人，先輩や後輩にも聞いてみよう。

▶ 自分が居住している都道府県や市町村の奨学金制度について調べてみよう。
また制度の内容や情報提供のされ方について比較してみよう。

● 注

1) 2023 年に株式会社ベネッセコーポレーションが小学生を対象に実施した調査によれば，小学生の「なりたい職業」の 1 位は「YouTuber」だった。2 位は芸能人，3 位は漫画家・イラストレーター，4 位はパティシエ・パティシエール，5 位は保育士・幼稚園の先生，6 位は学校の先生，7 位は医師，8 位は作家・小説家，ライター，同 8 位は動物園や水族館の飼育員，10 位はゲームクリエイターである。

2)「平成 30 年度子供の貧困の状況及び子供の貧困対策の実施の状況」によれば生活保護世帯の子どもの高等学校等進学率は 93.7％でありその内訳は全日制高校 67.2％，定時制高校 10.5％，通信制高校 7.3％，中等教育学校後期課程 0.1％，特別支援学校高等部 7.1％，高等専門学校 0.4％，専修学校の高等課程 0.9％であった。

3) 国の高等学校等就学支援金制度により，国公私立問わず，高校の授業料が実質無償化（所得制限あり）されることとなった。ただし，学校生活に欠かせない制服や靴，体操着，通学費用などは含まれない。

4) 厚生労働省による社会保障審議会生活困窮者自立支援及び生活保護部会の第 14 回資料（令和 4 年 6 月 3 日）「生活保護制度の現状について」によれば，生活保護世帯の子どもの高等学校等中退率は 3.6％とされている。なお，大学等進学率については，29.9％と算出されている（大学等 21.6％，専修学校等 18.4％）。また高等学校等卒業後の就職率は 41.3％である。

● 引用・参考文献

青砥恭（2009）『ドキュメント高校中退―いま，貧困がうまれる場所』ちくま新書
荒川葉（2009）『「夢追い」型進路形成の功罪』東信堂
苅谷剛彦（2003）「選抜と進路選択」苅谷剛彦・志水宏吉編『学校臨床社会学―「教育問題」をどう考えるか』日本放送出版協会
児美川孝一郎（2011）『若者はなぜ「就職」できなくなったのか？生き抜くために知っておくべきこと』日本図書センター

児美川孝一郎（2013）『キャリア教育のウソ』ちくまプリマー新書

東京大学社会科学研究所・ベネッセ教育総合研究所（2015）「子どもの生活と学びに関する親子調査2015」

東京大学政策ビジョン研究センター（2014）「専修学校における生徒・学生支援等に関する基礎調査」

内閣府（2018）「平成29年度子供の貧困の状況と子供の貧困対策の実施状況」

長谷川啓三・佐藤宏平・花田里欧子（2014）「生徒指導・進路指導・教育相談とは？―意義と役割」長谷川啓三・佐藤宏平・花田里欧子編『事例で学ぶ　生徒指導・進路指導・教育相談―中学校・高等学校編』遠見書房，pp.11-18

林明子（2016）『生活保護世帯の子どものライフストーリー　貧困の世代的再生産』勁草書房

日下田岳史（2021）「進路が実質的に意味する生徒の未来」中村高康・松岡亮二編『現場で使える教育社会学』ミネルヴァ書房

藤田晃之（2014）『キャリア教育基礎論―正しい理解と実践のために』実業之日本社

ベネッセ教育総合研究所（2023）「【小学生がなりたい職業】1位は4年連続『ユーチューバー』」https://benesse.jp/shinro_shokugyo/202212/20221201-1.html（2024年2月7日閲覧）

望月由起（2007）『進路形成に対する「在り方生き方指導」の功罪―高校進路指導の社会学』東信堂

文部省（1947）『学習指導要領　職業指導編（試案）』http://www.nier.go.jp/yoshioka/cofs_new/s22ejex/index.htm（2016年3月25日閲覧）

文部科学省（2004）『キャリア教育の推進に関する総合的調査研究協力者会議報告書』http://www.mext.go.jp/b_menu/shingi/chousa/shotou/023/toushin/04012801/002.htm（2016年3月23日閲覧）

文部科学省（2022）『生徒指導提要』

文部科学省（2017）『平成29年度学校基本調査』

―――――――● COLUMN ●―――

▶ 貧困世帯の子どもの「やりたいこと」と進路

　自分の「やりたいこと」を探すのは難しい。また「やりたいこと」をやるには，「やりたい」気持ちとともに時間とお金も必要であることが多く，それによって選択肢の幅は変わってくる。以下は，筆者が，公立夜間定時制高校に通うユリ（仮名）と，卒業後の進路について話したときの会話である。

　筆者：「ユリちゃん，高校卒業後の進路はどう？」
　ユリ：「専門（学校）を考えたんですけど，お金ないし，どうしようかなって。」
　筆者：「おうちの人に相談とかした？」
　ユリ：「兄には，お前の人生なんだからお前が決めればって言われて，お母さんには自分で行くならいいんじゃないのって言われた。」
　筆者：「就職っていうのはどうなんだろう？」
　ユリ：「単位が足りなかったから，就活できなかった。担任にも就職より単位って言われてたし。」
　筆者：「あっだから就活しなかったのか。」
　ユリ：「あと，とくにやりたいこともないのに今決めても絶対続かないなって思った。とりあえずバイトを続けて，お金貯めて，来年はやりたいことやろうって。」

　ユリは単位不足から就活ができず，自らも消極的であった。また経済的困難から，専門学校への進学も選択肢として断たれていた。そうした状況の中でも，兄や母親は，ユリに対して，彼女の「やりたいこと」を「尊重」するような発言をし，ユリ自身も「やりたいこと」を選ぼうとしている。そうしてなされた選択であれば，たとえ進路未定になっても家族に責任が及ぶことはない。つまり，進路未決定が家庭の経済状況の問題でもあることをいっさい表面化させずに，子どもの意思による「選択」の結果として見せることができる。

　生徒が「やりたいこと」を見つけ，その目標に向かって努力することは確かに素晴らしい。しかし，「やりたいこと」をするには時間とお金が必要となる場合が多い。学校側は，個々の生徒がおかれた状況を考慮したうえで，必要な助言や情報提供をする必要があるのではないだろうか。学校にはどのような子どもたちが通っているのか，それぞれに対してどのような進路指導が適切なのかを多様な観点から考えていく必要がある。

　　　　　　　　　　　　　　　　　　　　　　　　　　［林　明子］

▶ 職場体験・インターンシップとカリキュラム・マネジメント

　国の調査によれば，高校におけるインターンシップ実施率（2017年度）は，公立高校（全日制・定時制）では84.8％，そのうち職業に関する学科で87.7％となっている（国立教育政策研究所 2019）。職業学科におけるインターンシップへの関心は高い。その背景には高卒就職を希望する生徒が多く，学校から職業生活へのスムーズな移行が切実な課題となっていることがあげられるだろう。

　では，効果的なインターンシップとはいかなるものか。この問いに対して，ある高校教員から興味深い話を聞いた。2000年代後半，インターンシップの実習先と就職先，卒業後の就業状況について追跡調査を行ったところ，就職者の約4割が卒業後3年目の時点で離職していた。そのうち約9割は，インターンシップ先と実際の就職先が一致していないケースで，実習先と同じ事業所に就職した生徒と比べると離職率は約2倍も高くなっていたという。インターンシップへの取り組み方は，卒業後の初期キャリアに影響を及ぼす可能性がある。

　しかし，インターンシップを実りのあるものにするのは容易でない。多くの場合，教員が地域とのつながりを駆使して事業所に頼み込み，なんとか生徒の人数分の実習先を確保する。それゆえ，生徒は希望と異なる事業所で研修を受けることもある。先の教員は，この問題を防ぐ細やかな事前指導についても語ってくれた。まず生徒が研修したい実習先を探し，教員がその事業所と受け入れ協力の交渉を行う。次に，生徒は実習を希望する理由や自己PR文を原稿用紙2枚半程度でまとめ，事業所の担当者と面談する。こうした過程を通じて，生徒はインターンシップで学びたいことを焦点化し，事業所に伝えている。生徒が経験したいことと事業所が提供する内容の離齬を減らし，双方がインターンシップの目的を共有できる仕組みだ。

　こうした取り組みを実施するには，各教科や特別活動，総合的な学習の時間等と連携する必要がある。たとえば，自己PR文の作成時は国語の年間学習指導計画を擦り合わせ，教科の学習とインターンシップを有機的に結びつける。他教科とインターンシップが横断的に結びつくことにより，相乗効果が期待できるのだ。インターンシップの学びは無限に広がっている。　　　　［尾場 友和］

＊国立教育政策研究所（2019）「平成29年度職場体験・インターンシップ実施状況等結果」
＊執筆にあたっては，愛媛県立西条高等学校近藤洋正先生より多くのご助言をいただきました。深く感謝申し上げます。

第11章

キャリアプランについて考える

● 本章のねらい ●

　本章のねらいは，近年キャリア・ガイダンスの一環として取り組まれることの多いキャリアプランの作成について，ねらいと実施上の留意点を理解することにある。キャリアプランを作成する授業は，児童生徒に「将来の目標をもつ」「キャリアプランの作り方を学ぶ」「キャリアの中で直面しうる想定外の出来事を知る」という三つのねらいをもちうるものである。ただし，授業をする教員は，人々のキャリアの中で起こりうる出来事について，幅広く知っておかなければならない。そのため本章の後半では，現代の若者の離家（親との別居）と結婚の現状を取り上げ，それらについて詳しく学んでいく。

第1節　キャリアプランを作成する授業の流行

　小学校・中学校・高等学校のキャリア教育では，児童生徒が将来のキャリアを設計できるようになることが，目標の一つとされてきた。今後のキャリア教育を通して育成すべき能力として，2011年1月に中央教育審議会の答申で示された「基礎的・汎用的能力」の中にも，「キャリアプランニング能力」が含まれている（第9章，**図9.4**参照）。

　こうしたキャリアプランニング能力の育成に向けて，高等学校を中心に，キャリア・ガイダンスの一環としてキャリアプランを作成する授業が行われ

表11.1　キャリアプラン作成のためのワークシート例

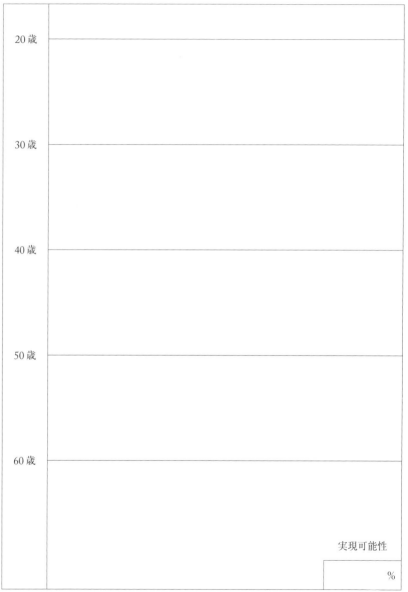

（注）「・22歳　小学校教員に就職」「・29歳　結婚」のように記入する。

てきた。「私のライフプラン」「20年後の私」「未来年表」といったネーミングのもと，ワークシートなども用意しながら，児童生徒にキャリアプランの作成に取り組ませる授業である（児美川 2013: 112）。文部科学省が発行している『中学校・高等学校キャリア教育の手引き』でも，キャリア教育の活動例として，「30歳までの人生グラフを作成し，共有する」（文部科学省 2023: 195）という例があげられている。

　筆者の授業でも，受講する教員志望の大学生に実際にキャリアプランを作成してもらい，その意義を自ら体験してもらっている（その際に用いているワークシートは，表11.1を参照）。では，キャリアプランを作成する授業が，児童生徒（さらには大学生）にとって意義のある学びの機会となるためには，どのようなねらいをもって授業を行えばよいのだろうか。以下では，考えられる三つのねらいと，授業をするうえでの留意点について示していく。

第2節　キャリアプランを作成する授業の三つのねらい

1. 将来の目標をもつ

　キャリアプランを作成する授業のねらいとして，まず考えられるのは，児童生徒が将来の計画を具体的に作成することで，目標をもつということである。将来の夢や目標（「やりたいこと」）が明確になり，そこに至るまでのステップを意識することで，児童生徒が日ごろの学校生活や学習に前向きになるという効果が期待できる（児美川 2013: 115）。

　しかし，留意すべきは，そうした効果が期待できるのは一部の児童生徒に限られるということである。キャリアプランを作成することで，目

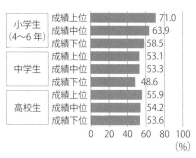

図11.1　将来なりたい職業がある児童生徒の割合

（出所）木村編（2023: 11）をもとにして作成。

標に至るまでのステップを意識し，学校生活や学習に前向きになれるのは，
将来の夢や目標が明確である児童生徒に限られるだろう。しかし，そうした
児童生徒は，全体の半数近くにすぎない。**図11.1**は，ベネッセ教育研究開
発センターが小学校4年生〜高校3年生に対して実施した質問紙調査の中で，
将来なりたい職業が「ある」と回答した割合を，学年別・成績別に示したも
のである。中学生や高校生の場合，将来なりたい職業があると答えた児童生
徒は，学校での成績にかかわらず6割を下回っている。

　将来なりたい職業がないと答えた児童生徒の中には，将来なりたい職業は
なくても，将来の夢や目標が明確な者もいるだろう。たとえば，「大金持ち
のパートナーと結婚して，専業主婦（主夫）になる」「残業のない安定した仕
事について，趣味に没頭する」といった目標をもつ児童生徒もいるかもしれ
ない。しかし，将来なりたい職業がないと答えた児童生徒の大多数について
は，将来なりたい職業がないことが，将来の夢や目標もうまく描けないとい
うことにつながっているのではないかと予想できる。

　将来の夢や目標がうまく描けなければ，キャリアプランを作成してみたと
ころで，そのプランを叶えるためにがんばろうとは思えないはずである。ま
た，学校生活や学習へのやる気も湧きあがってはこないであろう。**図11.1**
からは，そうした児童生徒が一定数いることが想像できる。

2. キャリアプランの作り方を学ぶ

　しかし，以下のようなねらいをもてば，キャリアプランを作成する授業を，
すべての児童生徒にとって意義のあるものにすることができる。それは，児
童生徒が将来に向けてキャリアプランの作り方を学ぶ，というねらいである。
設定するのは暫定的な夢や目標でよく，今回のキャリアプランの作成はあく
まで練習である，という前提を置けば，キャリアプランの作成は誰もが取り
組める課題になるはずである。

　こうしたねらいをもったキャリアプランの作成の授業からは，以下の二つ
の効果が期待できる。一つめは，キャリアの選択には幅広い情報の収集と分
析が必要であることに気づく，という効果である。たとえば，「銀行でロー

ンを組んで，店のオーナーになる」という目標を設定した児童生徒の場合，月々の返済や，従業員への賃金の支払い，自分や家族の生活の維持まで視野におさめていないかもしれない。また，開店する場所や，その地域に商品に需要があるのかなどについても，考える必要が出てくるだろう。さらには，こういった情報の収集や分析が自分一人では手に負えそうになかったら，どこに相談に行けばよいのかについて知識を得ることも必要になる（以上，藤田 2014: 71）。キャリアプランを作成する授業では，キャリアプランを作成する中でどんな情報を収集しなければいけないのかについて気づくきっかけを提供することができる。

二つめは，キャリアの中で何かを選び取ることで，別の何かを諦めたり代償や犠牲を払ったりしなければならない場合があることに気づく，という効果である。たとえば，東京の四年制大学に進学するが，地元でUターン就職するというキャリアプランを立てる児童生徒がいるかもしれない。そのとき，大学時代に交際しているパートナーしだいでは，Uターン就職かパートナーとの交際・結婚かどちらかを諦めなければならない可能性も出てくる。他にも，趣味と仕事の両立，勤務地と親の介護など，両立が難しい事柄は多い。

キャリアプランを作成するうえでは，キャリアを形づくるそれぞれの事柄に優先順位をつけて考えていかなければならない。キャリアプランを作成する授業は，そのことに気づくきっかけを与えてくれるものとなりうる。

留意点としては，教員がそれぞれの児童生徒のキャリアプランについて，キャリアを形づくる要素が多様であることを意識しながら指導していかなければならないということがあげられる。文部科学省によると，「キャリア」とは，「人が，生涯の中で様々な役割を果たす過程で，自らの役割の価値や自分と役割との関係を見いだしていく連なりや積み重ね」（文部科学省 2023: 17）のことである。このとき，「役割」については，学生や職業人（あるいは会社の社員）だけではなく，夫や妻，父親や母親などの役割も含まれる。また，家庭での家事や介護，子どものサッカークラブのコーチ，NPOのメンバー，地域のお祭りの実行委員といったものも，役割の一つである。

つまり，人々のキャリアを形づくるのは，学校や仕事だけではないということである。しかし，筆者の授業を受講する大学生がキャリアプランを書くと，学校や仕事，結婚，子育て以外のことはなかなか出てこない。小学生・中学生・高校生が作成したキャリアプランでも，きっと同じようになるだろう。しかし，人によっては，家事の負担や介護，趣味，社会活動などで背負う役割を念頭に入れると，当初のキャリアプランが崩れてしまう場合もある。教員は，児童生徒がそれらに関する役割と他の役割との両立について考えることを通して，学校や仕事以外のさまざまな要素がキャリアを形づくることに気づけるよう，指導していく必要がある。

3．キャリアの中で直面しうる想定外の出来事を知る

また，キャリアプランを作成する授業では以下のようなねらいももつことができる。それは，児童生徒が自ら作成したキャリアプランを通して，キャリアの中で直面するかもしれない想定外の出来事を知るというねらいである。

児童生徒が作成したキャリアプランのほとんどは，「すべてがうまくいく」ことを前提としたプランであるだろう。しかし実際には，人々はキャリアの中で，離職・失業，非正規雇用での就業，離家（親との別居）の困難，離婚・未婚，保育園の待機児童問題，親の介護など，さまざまな想定外の出来事に直面する。

たとえば，大多数の児童生徒は，高等学校，四年制大学，短期大学，専門学校などの学校を無事卒業して，正社員として就職して，そこの企業で就業を継続して……というキャリアプランを当然のように思い描いているかもしれない。しかし，第10章でもみたように，日下田岳史の推計によれば，高校入学者を1,000人とすると，高等学校以降の教育機関をきちんと卒業し，新卒就職をして，3年後も就業継続をしている者は，実は328人しかいないという（図10.3参照）。同世代の半数強は，どこかの学校を中退したり，学校卒業後に正社員として就職できなかったり，仕事をすぐに辞めてしまったりして，やり直しを余儀なくされている状況にあるといえる。

想定外の出来事が生じるのは，学校から仕事へと移行する場面に限らない。

離家について述べるなら，未婚の若者のうち親と同居している者は，実は多数派である。また，進学や就職を機に一人暮らしを始めたが，数年後に再び実家に戻ることになる若者も少なくない。結婚についても，晩婚化が年々進んでおり，生涯未婚率も上昇し続けている。

　かつての若者たちの多くは，「大人への直線的な移行」と呼べるようなキャリアを歩んできた。10～20代のうちに，学校を卒業して正社員として就職し，一人暮らしを始め，結婚し子どもを産む……といったキャリアである。現在も多くの児童生徒が，自らの親世代が歩んできたこうした移行モデルに沿った形で，自らのキャリアプランを考えていく傾向にある。

　しかし実際には，これらの「大人への直線的な移行」にまつわるイベント（正社員就職→離家→結婚→子育て）を，思い描いていたようには達成できない若者も少なくない。また近年では，正規雇用から失業あるいは学校への再入学へ，離家から親元での同居へ，結婚から離婚によって再び独身へ，というように，仕事・離家・結婚の諸側面が行きつ戻りつするという若者も決して珍しくはない。離職・失業，非正規雇用での就業，離家の困難や親との再同居，離婚・未婚などは，それぞれの若者にとっては想定外の出来事だったかもしれないが，現代の若者全体としてはしばしば生じている出来事である。

　授業の中では，児童生徒が作成したキャリアプランを利用し，その節目にさまざまな想定外の出来事があることを伝えることで，児童生徒にキャリアの中で生じるかもしれないそれらの想定外の出来事を印象づけることができる。こうした指導からは，以下の二つの効果が期待できる。

　一点目は，児童生徒がキャリアの歩み方は多様であってよいことに気づく，という効果である。人によっては，正社員就職や離家，結婚をしなかったり，失業や親との再同居，離婚を経験したりするかもしれない。しかし，それらの出来事が別に珍しいわけではないことを知っていれば，そうした事態に直面しても，強く自分自身を責めずにすむのではないかと考えられる。

　二点目は，それらの出来事が「個人の問題」ではなく「社会の構造的な問題」によって起きていることに気づく，という効果である。正社員就職や離家，結婚，育児，介護などにまつわる困難は，社会の変化やそれに対する支

援の欠落とともに生じているものである。そうした社会の変化や支援の欠落について理解することで，児童生徒が社会をどのように変えていくべきかということに関心をもつようになるかもしれない。また，児童生徒が無意識にもっているかもしれない，「普通」のキャリアプランを歩まない（歩めない）人々への批判的なまなざしも，変わっていくかもしれない。

　留意点としては，上記の想定外の出来事とそれが生じる背景について，教員が詳しく知っておかなければならないということがあげられる。そこで次節では，キャリアの比較的早期に経験するものだと考えられる「離家」と「結婚」に焦点を当て，直面するかもしれない想定外の出来事とその背景について説明していく。（離職・失業，非正規雇用に関しては第12章を参照。）

第3節　離家をめぐる現状

　児童生徒の中には，大学・短大・専門学校への進学や就職を機に，親元を離れて一人暮らしをしたいと考えている者も少なくないだろう。しかし実際には，進学・就職後も親と同居している若者の方が多数派である。

　国立社会保障・人口問題研究所が2021年に実施した調査によると，18〜34歳の未婚者の場合，男性の65.9％，女性の72.1％が親と同居していると回答している（**図11.2**）。また，**図11.2**からは，学生だけでなく仕事に就いている若者たちも，親との同居率が高いことがわかる。

　このような形で大多数の未婚の若者が親と同居している状況は，1990年代後半から，親子の依存の問題として，非難のまなざしが向けられるようになった。その火付け役となったのが，山田昌弘の「パラサイト・シングル」論である。

　　何の気兼ねもせずに親の家の一部屋を占拠し，親が食事を用意したりすることを当然と思い，自分の稼いだお金でデートしたり，車を買ったり，海外旅行に行ったり，ブランドものを身につけ，彼氏や彼女にプレゼント

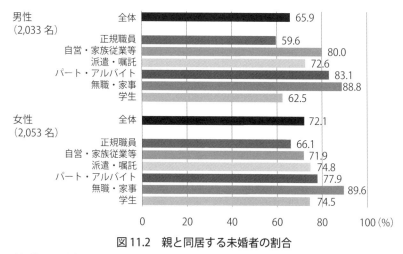

図 11.2　親と同居する未婚者の割合

（出所）国立社会保障・人口問題研究所（2022: 85）をもとにして作成。

を買う。たぶん，読者の身の回りを探せば，そのような立場の独身者は，何人も見つかるだろう。

　このように，学卒後もなお，親と同居し，基礎的生活条件を親に依存している未婚者を，日経新聞紙上で「パラサイト・シングル」と呼んだ。

（山田　1999: 11）

　しかし，こうした「パラサイト・シングル」像に合致する未婚の若者は，実際にはごく一部でしかない。未婚の若者の場合，非正規雇用の若者や，収入の低い若者ほど，親と同居する傾向にあることが明らかになっている（宮本 2004 など，**図 11.2** も参照）。また，親に経済的余裕がないために，親が子どもの同居によって経済的な恩恵を受けているケースもあることが指摘されている（白波瀬 2005）。親元に同居する若者の多くは，親子のどちらか，あるいは両方に経済的余裕がないために，離家が難しくなっているという状況にある。

　就労しているにもかかわらず，離家するための経済的余裕がもてない若者の場合，その理由は大きく二つに分けられる。一つは，言うまでもなく収入

面の問題である。非正規雇用率の増加のため，低賃金かつ不安定な立場で働き続けなければならない若者が増えた。また，正規雇用として働く若者の中にも，手取りの月収が15万円を下回るような状況で働く人々が少なからずいる。貯金をためることが難しかったり，一人暮らしを維持できなかったりするような収入で働かざるをえない若者が，数多く存在している。

　もう一つは，支出の問題である。仕事についた若者たちは，交際費や食費，スマートフォンの使用料だけでなく，さまざまな費用を自らの収入から支出する必要がある。若者の中には，就職とともに，親から家計の対等な担い手として期待されたり，きょうだいの学費を一部負担したり，貸与型奨学金の返済が始まる者たちがいる。また，地方在住の若者の中には，通勤や業務のために自動車を購入せざるをえず，そのローンや維持費が大きな支出となっている者もいる。一つひとつの支出はそこまで大きくなくても，これらの支出が「重層的な支出」となることで，離家するための貯金を十分にためることができない若者たちが存在する（以上，伊藤 2012: 6-8）。

　収入が低かったり，重層的な支出を抱えていたりする若者にとって，離家に踏みきりそれを継続するのは，容易なことではない。一人暮らしを始めるためには，敷金・礼金，不動産会社への仲介手数料，電化製品や家具をそろえるための費用などを支払うために，ある程度貯金をしておく必要がある。また，一人暮らしを続けるうえでは，家賃，光熱費，食費など，生活を維持するうえでさまざまな費用がかかる。児童生徒には，就職後も親と同居しながら貯金をため，給料の増加とともに一人暮らしを開始するような，ゆるやかな離家を選択肢に入れておく必要があるということを伝えておく必要があるだろう。

　同時に授業では，親と同居する若者の多くは，親に依存したり甘えたりしているから親との同居に至るわけではないということも，伝えておく必要がある。

　若者の離家が難しくなる背景の一つには，社会の構造的な問題がある。非正規雇用率の増加や，低賃金などの問題は，元をたどれば企業の採用方針などに端を発している（第12章を参照）。自動車のローンや維持費の支出につ

いては，鉄道やバスなどの交通網が不十分なことによって，かれらにそのしわ寄せが及んでいると見ることもできる。

　また，離家を難しくするもう一つの背景として，家庭の経済的な状況があげられる。家計や自身の学費などは，それらの費用を親に全面的に負担してもらっている若者もいるだろう。一方で，家庭の経済的余裕のなさから，それらを自ら負担せざるをえないがために，就職後に家計の負担や奨学金の返済などの重層的な支出を抱えることになる若者もいる。かれらについては，親に依存したり甘えていたりするのではなく，むしろ一人の責任ある大人としてふるまっているからこそ，離家が難しくなっていると見ることができる。

　社会の構造的な問題のしわ寄せを受けたり，一人の責任ある大人としてふるまおうとしたりすることで，離家が難しくなる場合もある。授業の中で児童生徒にそうした点を伝えていくことで，将来同じような状況に置かれた児童生徒が，自分を責め続けなくてよくなるかもしれない。また，離家できない若者に対してバッシングを加えるのではなく，社会をどのように変えていくべきかについて考えるという方向に，児童生徒を導くこともできるだろう。

第4節　結婚をめぐる現状

　筆者の授業を受講する大学生の場合，その多くが，20代のうちに結婚するというキャリアプランを立てる。こうした「結婚はして当然」「20代のうちに結婚」という考えは，多くの小学生・中学生・高校生にも共有されているものだろう。

　しかし，近年は晩婚化・未婚化の傾向がみられ，実際にはかなりの数の人々が，20代のうちには結婚せず，未婚のまま30代を迎えている（**図11.3**）。30～34歳，35～39歳の未婚率は男女ともに年々上昇し，2015年時点では，30～34歳の男性の47.1%，女性34.6%が未婚であった。また，生涯未婚率（50歳時点の未婚率の推計）も1990年代以降上昇を続けており，2040年には男性では29.5%，女性では18.7%に達するという推計が出されている。

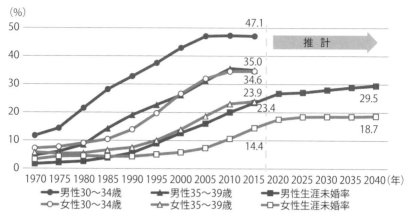

図11.3　年齢別未婚率・生涯未婚率の推移

（出所）厚生労働省（2020: 10・179）をもとにして作成。

　このように晩婚化・未婚化が進む一方で，依然として大多数の若者たちは，結婚への意欲をもち続けている。2021年に国立社会保障・人口問題研究所が実施した「第16回出生動向基本調査」（国立社会保障・人口問題研究所HP）では，18～34歳の未婚者のうち，男性の81.4％，女性の84.3％が，「いずれ結婚するつもり」と回答している。

　では，若者たちが結婚の意欲をもっているにもかかわらず，晩婚化・未婚化が進むのはなぜだろうか。ここでは，**図11.4**を参照しながら，三つの理由について説明しておきたい。

　第一に，結婚が「して当然」のものではなく，選択肢の一つとしてとらえられるようになってきたためである。「今は，仕事（学業）にうちこみたい」「今は，趣味や娯楽を楽しみたい」「独身の自由さや気楽さを失いたくない」という回答からは，結婚と仕事や趣味，自由なライフスタイルが天秤にかけられていて，その結果結婚しないという選択がなされている様子をうかがうことができる。

　第二に，非正規雇用率の増加などによって，低賃金で働く若者が増えたためである。「結婚資金が足りない」という回答からは，とくに男性で，低賃

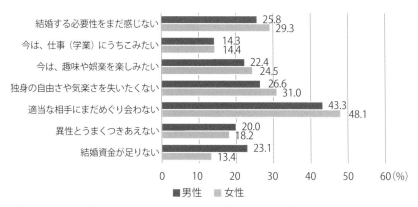

（注）10項目のうち男女ともに10％以上の回答者が選択した7項目を抜粋。

図11.4　独身にとどまっている理由（25〜34歳）

（出所）国立社会保障・人口問題研究所（2022: 24）をもとにして作成。

金が結婚をためらう理由の一つになっていることがわかる。また，非正規雇用の若者の場合，いつ失業・転職するかわからないという不安も抱えている。そうした将来の不安が，結婚をためらわせるケースも少なからずあると考えられる。

　第三に，かつては結婚相手との出会い方の主流であった，親族や職場の上司・同僚による紹介やお見合いという文化が衰退し，結婚相手を探すことがより難しくなったためである。かつては，本人がある程度受け身でも，周囲が紹介やお見合いをセッティングしてくれるので，結婚相手を見つけることができた。一方で，現代の若者にとっては，職場や学校での出会いや，知人・友人による紹介，合コン，マッチングアプリなどが，結婚相手を見つけるための重要な機会となっている（以上，永井 2011: 7-8）。現代の若者の場合，友人と交流を続け，紹介や合コンの開催を依頼したり，職場や学校で積極的に他者と関わったり，マッチングアプリをこまめに確認して「いいね」やメッセージを送り続けたりするなど，自ら動かなければ結婚相手を見つけることは難しい。「適当な相手とめぐり会わない」という回答の背景には，他者と関わる機会を自ら積極的に作ろうとしなければ結婚相手を見つけられないという，現代の若者の状況があると考えられる。

　現代の晩婚化・未婚化は，結婚を「選択肢」としてとらえる風潮や，非正規雇用率の増加，紹介・お見合い文化の衰退などの，社会の変化によって生じている。結婚は，社会の変化の中で，かつてより達成が難しいものになっている。このような社会の変化を授業で伝えていくことは，「結婚はして当然」「20代のうちに結婚」という児童生徒の価値観を相対化していくことにつながる。そうした価値観の相対化は，自らが将来結婚できなかった（あるいは結婚しないことを選んだ）場合に，自分自身を責める感情を和らげるだろう。また，結婚しない人々に向けられる社会的なプレッシャーやネガティブなまなざしも，徐々に解消されていくだろう。

　同時に，児童生徒にはかつてより離婚が一般的なものになってきていることも伝えておく必要がある。**図11.5**にみられるように，粗離婚率（離婚者数÷婚姻者数）は，1970年代から上昇を始め，2000年代以降では30％を超えている。

　粗離婚率の増加は，続けたくない婚姻関係を無理して続けなくてもよくなったという，社会の変化によってもたらされている。そうした社会の変化自体は，望ましいことかもしれない。しかし，離婚が珍しいことではなくなった現在においても，離婚によってもたらされる不利益は決して小さくない。

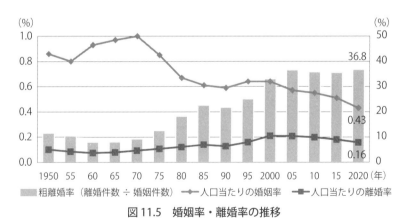

図11.5　婚姻率・離婚率の推移

(出所) 厚生労働省 (2022) をもとにして作成。

とくに，離婚してひとり親になった家庭への経済的な支援は不十分であり，ひとり親家庭の相対的貧困率（2015 年：50.8%）は OECD 加盟国（35 か国）の中で二番目に高い（内閣府 2020）。母子世帯の母の 8 割以上，父子世帯の父の 9 割以上が就労しているにもかかわらず（厚生労働省 2012），ひとり親家庭の約半数が貧困状態にあるという社会の現状を，どのように考えるべきだろうか。

　授業の中では，たとえば，「離婚はあってはならない」といった離婚せざるをえなかった人々やその子どもへのネガティブなまなざしにつながるような価値観についても，相対化を目指す必要があるだろう。また，ひとり親家庭の貧困問題を解決するための支援について，児童生徒とともに考えていくという方向に，授業を展開することも可能であるだろう。

［伊藤　秀樹］

● **考えてみよう！**

▶ 表 11.1 を使って実際に自分のキャリアプランを書き，どのような情報や知識が自分に不足しているのかについて，考えてみよう。
▶ 保育園の待機児童問題がなぜ生じたのか，子どもをもつ人々のキャリアにどのような影響を及ぼしたのかについて，調べてみよう。

● **引用・参考文献**

伊藤秀樹（2012）「『教育・労働からの依存』としての親子同居―高卒パネル調査のインタビューより」『東京大学社会科学研究所　パネル調査プロジェクト　ディスカッションペーパーシリーズ』No.54：1-12

木村治生編（2023）『「子どもの生活と学びに関する親子調査 2022」ダイジェスト版』ベネッセ教育総合研究所

国立社会保障・人口問題研究所（2022）『第 16 回出生動向基本調査　結果の概要』

児美川孝一郎（2013）『キャリア教育のウソ』筑摩書房

厚生労働省（2012）「平成 23 年度全国母子世帯等調査結果報告」厚生労働省 HP

厚生労働省（2020）『令和 2 年版　厚生労働白書』

厚生労働省（2022）「令和 3 年（2021）人口動態統計（確定数）の概況」

白波瀬佐和子（2005）『少子高齢社会のみえない格差―ジェンダー・世代・階層のゆくえ』東京大学出版会

内閣府（2020）『男女共同参画白書　令和2年版』

永井暁子（2011）「若者は，なぜ結婚しないのか」明治安田生活福祉研究所『生活福祉研究』77号：1-11

藤田晃之（2014）『キャリア教育基礎論―正しい理解と実践のために』実業之日本社

宮本みち子（2004）『ポスト青年期と親子戦略―大人になる意味と形の変容』勁草書房

文部科学省（2023）『中学校・高等学校キャリア教育の手引き―中学校・高等学校学習指導要領（平成29年・30年告示）準拠』

山田昌弘（1999）『パラサイト・シングルの時代』筑摩書房

● COLUMN ●

▶ キャリア・カウンセリングと専門職の役割

　キャリア教育では個々の児童生徒（以下，生徒）の多様な実態を踏まえることが求められている。そうした実態を加味しながら，一人ひとりが抱える課題に教師がキャリアの観点から対応することはキャリア・カウンセリングと位置づけられる。これは，主に集団の場面で必要な指導や助言を行うキャリア・ガイダンスとは異なる（文部科学省 2023）。

　だが実態を注視するほど教師のキャリア・カウンセリングの限界が想定される。たとえば都立高校に福祉・就労分野を専門としたユースソーシャルワーカー（以下，YSW）が派遣されている。ではYSWは個々の生徒のキャリアや教師のキャリア・カウンセリングをどのように支えているのだろうか。『都立学校「自立支援チーム」活用の手引』の二つの事例を参考に探ってみたい。

　第一は「進路で悩んでいる生徒との面談で，家庭環境の問題が表出した」事例である。この事例では，YSW が生活保護世帯である生徒の悩みをもとに生活保護のケースワーカーと連携し，生徒のアルバイトとの両立を目指したことが描かれている。生活保護世帯の生徒は，卒業後のキャリアを検討するうえで，アルバイトをせざるを得ないことがある。期日までにいくら貯めて，何のために使うのかなどの計画を立てるわけだが，生徒のみで計画を立てることは至難の業である。また貯蓄が禁止されていると生徒に誤って認識されることもあり，さらに必ずしも教師が生活保護制度に詳しいとは限らない。ここにYSWが経済的な相談に応じることで，生徒は自身のキャリアを設計し，それによって教師はキャリア・カウンセリングができる可能性がある。

　第二は「進路指導部と連携し，就労に向けた支援を充実させた」事例である。この事例では進路未決定の生徒が取り上げられている。教師はこうした生徒を気にかけてきたものの，なかなか一緒にキャリアを検討する機会を作れずにいることもあるだろう。たとえば，その背景では生徒は相手が教師だからこそ相談を躊躇していることもありうる。そうであるならば教師とは異なるYSW だからこそ，悩みを抱える生徒との面談に結び付く可能性がある。その面談を通して，生徒が自身のキャリアに関する悩みを解消することで，教師のキャリア・カウンセリングを受け入れることにつながるかもしれない。

　以上より，専門職は個々の生徒のキャリアや教師のキャリア・カウンセリングを支えることに結び付いているといえる。専門職に一層の期待がかかる。

[柊澤 利也]

＊文部科学省（2023）『中学校・高等学校キャリア教育の手引き―中学校・高等学校学習指導要領（平成 29 年・30 年告示）準拠』
＊東京都教育委員会（2017）『都立学校「自立支援チーム」活用の手引』

第12章

現代の労働問題

　キャリア形成は就職がゴールではない。就職後に待ち受ける，さまざまな問題を乗り越えながら労働者は人生を歩まねばならない。ところが，日本の学校教育では「就職後」に生じる労働問題についての教育は十分とはいえない。一方で，現在の日本社会には，「若者の「使い捨て」が疑われる企業」（いわゆる「ブラック企業」）や，「学生であることを尊重しないアルバイト」（いわゆる「ブラックバイト」）といった若者の労働問題が噴出している。そこで本章では，とくに若者に焦点を当て，現代の労働問題を俯瞰したうえで，具体的な事例を示す。そして，これを踏まえ，教育現場に求められる実践について検討していこう。

第1節　若年労働問題の概要

　本節では若年労働問題の概要を示す。日本の労働問題を考えるためには，戦後の日本社会の労働全体を覆ってきた日本型雇用に対する理解が必須である。なぜなら，これまでは学卒と同時に正社員＝日本型雇用に就職することが当たり前とされ，学校教育においてもこれを前提にされてきたからである。日本の労働問題を考えるためには，この日本型雇用に内在する「古くからある問題」と，近年の変化の中で現れている「新しい問題」をそれぞれ検討す

る必要がある。

　そこで，今日の若年労働問題を日本社会の大きな社会構造の枠組みの中で理解すると同時に，近年注目された諸問題をそれぞれの具体例と共に簡潔に紹介していく。

1. 日本型雇用システム

　日本の労働問題の背後には，戦後形成されてきた日本独自の「日本型雇用システム」の存在がある。その特徴は，①長期雇用慣行，②年功制賃金，③企業別組合，④企業側の広範な指揮命令権限，⑤自由な非正規雇用の活用である。この中でも，近年の労働問題との関係でとりわけ重要であるのが，④広範な指揮命令権限，および⑤自由な非正規雇用の活用である。しばしば日本型雇用の特徴として，①長期雇用慣行（いわゆる「終身雇用」），②年功制賃金，これを支える，③企業別組合が強調され，戦後の安定した日本社会に寄与してきたとされる。だが，日本型雇用にはこの三つにとどまらない負の要素が存在し，それがかつてから労働問題を引き起こしてきたのだ。

　日本型雇用は高度成長期の企業競争力にとって，極めて有利に働いた。広範な指揮命令権限の下，新規学卒者は人事部に「一括」で採用され，さまざまな仕事をローテーションしながら職業能力をOJT（オンザジョブトレーニング）で形成していく。日本型の採用は，入社の時点ですでに「人事部一括」であるため，従事する職務があらかじめ限定されない。企業は入社後に自由に配属を決定することができる。そのため，企業は生産や業態の拡大に合わせて，柔軟に労働者を配置することができた。

　そうした広範な指揮命令権限の存在は，企業に対して，OJTによる労働者の長期的な能力育成を行う動機ともなっていった。労働者をどこにでも配置できるため，その能力を開発することによって，企業は必要な労働力を効率よく充当することができた。また，広範な指揮命令権限を背景に，企業は景気循環や業態の変化に対応して，解雇や新規採用を控えることができた。既存の正社員労働者の配置換えによって，景気循環や業態の拡大に対応することができたからである。これが「終身雇用」を可能にする要因ともなった。

　長期雇用を前提とした多様な職務に対する能力開発は，労働者を長期的な能力形成によって評価する「年功制（職能給）」に適合する[1]。労働者は長期雇用の中で年齢とともに「企業へ貢献する能力」を養っていき，それを企業は「年功制」によって評価するという関係が成立していったのである。

　だが，こうした広範な指揮命令権には，しばしば長時間の残業命令や全国の配置転換が含まれてきた。終身雇用や年功制賃金を得る一方で，これを支える柔軟な配置転換や能力（＝企業への強い貢献）を求められることとなったのである。職務や勤務地，業務量があいまいなまま結ばれる労働契約は，日本型の顕著な特徴となった。

　さらに，そうした生涯一つの企業に勤め続け，給与が上昇し続けるという処遇のモデルは，男性の正社員で，しかも大企業に限られたものだったことにも注意が必要だ。女性や非正規雇用労働者などはこの仕組みの外側に置かれることになった。女性は男性とは区別され，仕事のローテーションが狭く設定され（性別役割分業），年功制賃金も差別的にしか適用されなかった。また，非正規雇用労働者は正社員と同じ仕事をしても差別されたうえ，不景気になると「景気の調節弁」として優先的に解雇された。

　日本の裁判所は男性正社員に対する残業命令や配置転換命令について，企業側に「人事権」があるとし，積極的に擁護した。同様に，日本の労働法には長らく非正規雇用についての立法上の規制が存在しなかった[2]。

2.　日本型雇用システムの「内部」の労働問題

　上記の日本型雇用システムの「内部」には，当初からさまざまな労働問題が生じていた。それは，処遇格差問題と過重労働の問題に大別できる。順にみていこう。

　第一に，非正規雇用との処遇格差の問題である。すでに指摘したように，日本型雇用システムの内部には，長期雇用・年功制賃金が保障された男性正社員と，ここから排除された女性労働者たちがいた。非正規労働者たちは，中心的労働を担う男性正社員と区別され，「縁辺労働」と表現された。また，この「縁辺労働」の担い手としては，女性だけではなく，主要には農業に従

事し，農閑期に出稼ぎ労働に従事する季節労働者も含まれていた。

　彼らにとっての労働問題とは，正社員に対するいちじるしい賃金格差と雇用の不安定性であった。彼らは正社員に対する「雇用の調節弁」として位置づけられていたために，景気の後退局面において，容易に解雇されてしまう存在であった。また，非正規雇用の賃金には年功制が適用されず，ほぼ固定された時給単位で計算された。この時給単位の賃金は，日本の最低賃金制度の水準の低さと相まって，同じ職務に従事する正社員に比べ，極めて低い水準にとどめられていた。正社員の年功制賃金の根拠が，職務を超えた広範な指揮命令権限に服することへの対価であると考えられてきたために，たとえ現在同じ職務に従事していたとしても，そこにいちじるしい格差があることは正当であるとみなされた。

　一方，欧米の労働社会においては，原則的に，短時間労働や有期雇用の非正規雇用労働者であっても，1時間当たりの賃金が，同じ職務に従事する正社員労働者と差別されてはならないことになっている。これを「同一労働同一賃金の原則」という。日本型雇用システムにおいては，正社員に適用される年功制賃金の下で，この「同一労働同一賃金の原則」が不在であるために，非正規雇用とのいちじるしい賃金格差が労働問題として発生したのだ。

　第二に，この「同一労働同一賃金」の不在は大企業と中小企業の労働者間で大きな賃金格差を生じさせた。欧米においては，同じ職務に従事する労働者の賃金は，企業横断的な労使交渉によって，企業を超えて設定される（産業別ないし職種別等の最低賃金の形態をとる）。日本の企業別組合とは対照的に，世界の労働組合は企業を超えた産業別や職種別の組織が標準である。日本のように企業別組合を中心とした労使関係は，世界的には例外だといってよい。日本では企業別組合が「年功制賃金」を個別企業に要求した結果，企業間の賃金格差が広がり，とくに大企業と中小企業の間の格差として現れたのである。

　また，「大企業─中小企業」の関係は，製造業や建設業を中心に，「元請─下請」である場合が広く見られた。大企業は中小企業に完成品の部品の製造などを請け負わせる形態を広く採ったのであるが，その際に，中小企業労働

者の賃金は大企業の労働者と「同一」である必要はないために，製品の発注価格を自社製造でかかるコストよりも低く抑える傾向が見られた。つまり，大企業は中小企業に不当に安い価格で部品を発注し，その分が労働者の賃金格差となって現れたのである。こうした競争は海外から「ソーシャルダンピング（不正価格競争）」であるとの非難を浴びた。

　以上は日本型雇用システムの成立期である1960年代から広く見られた現象である。その後，日本型雇用はオイルショック期の減量経営や90年代の長期不況を経て，変化を遂げ，新たな労働問題を生み出していった。それが，過重労働の問題である。

　まず，④広範な指揮命令権限の下，長時間労働問題や労働者の生活問題が深刻化した。日本の労働時間は世界的に見て今日まで高い水準を維持しており，「過労死」も頻発させた。過労死は英語で「karoshi」として世界的に知られるようになり，現在では「tsunami」などと並んで「世界語」として通用する。また，全国の配置転換命令は労働者の単身赴任を常態化させ，これが家庭生活との両立を妨げる要因ともなった。

　さらに，年功制賃金は年齢や勤続によって単純に上昇するものから，その「能力」を基準とする職能資格制度へと改変されていった。ここでいう「能力」とは，具体的な職務遂行能力を指すのではない。繰り返し述べてきたように，日本型雇用システムにおいては，特定の職務を超えた広範な業務に従事させる命令権限を企業は有している。したがって，そこで評価される「能力」とは，この，④広範な指揮命令権限に対し，どれだけ順応し，企業に貢献したのか，そして今後「し得るのか（潜在能力）」という意味を含んだ「能力」である。

　このような能力評価は，企業内部で労働者間の競争（サービス残業を含む）を激化させ，それが先に述べた過労死の頻発といった現象を引き起こしていった。この職能資格制度は，2000年代以降，成果給へと進化している。成果給においては，職能資格制度の年功的要素（年齢にしたがって無条件に上昇する）をより削減し，直接に企業への「貢献」によって賃金を決定することを目指している。だが，そうした成果給はさらなる競争の激化と長時間労働

化，過労死の発生を招くものとの指摘もなされている。

　以上は日本型雇用システムの「内部」の諸問題である。日本型雇用システムは，これらの問題を含みこみながら，「システム」として成立していた。

　たとえば，非正規雇用の処遇格差はあくまでも女性や出稼ぎ労働者が対象とされた。女性は正社員である男性労働者の稼ぎに依存しており，その労働はあくまでも「家計補助」のためになされるものとみなされた。同様に，出稼ぎ労働者も主たる家計の源泉は「農業収入」にあるものとみなされた。それゆえ，彼らの賃金は正社員労働者と差別され，雇用も不安定であることが正当化された。「家計補助」である以上，非正規雇用の低処遇は，格差や貧困の問題として顕在化しにくかったのだ。

　そのため例外的に，男性の収入に依拠できないシングルマザーの貧困が，深刻な社会問題となって現れた。また，中小企業労働者の格差問題についても，あくまでも「年功制」の内側であるために，大きな労働問題とはならず，今日まで温存されるに至っている。

　さらに，過労死問題にしても，年功処遇に基づく相当の対価の支払いが前提であった。日本型雇用の年功制賃金と組み合わされた能力評価が，この時期の過労死問題を引き起こした要因だったからだ。終身雇用および年功制賃金の枠組みの下で，労働者は企業への忠誠心を競い，多くの労働者は過重労働を「自発的」に引き受けていた（この自発性は「強制された自発性」とも呼ばれる）。過労死問題も，多くの労働者が長時間労働を甘受している日本の雇用システムにおいては，不当な労働の強制ではなく，あくまでも「不運な労働者」の事例として処理されたのである。

　要約すれば，日本型雇用システムの下でも格差，過重労働の労働問題は存在した。だが，前者は家族内の分配や，中小企業の不完全な年功制度によって「補完」されていたものとみることができる。また，後者についても，終身雇用・年功制賃金の見返りが前提とされていたために，大きな社会問題とはならなかった。問題を抱えながらも，「矛盾を抱えたシステム」として辛うじて成立していたのが，日本型雇用システムなのである。

3. 日本型雇用のシステムの「外部」の労働問題

　近年，日本型雇用システムの枠組みを覆すように，その「外部」に新たな労働問題が次々に現れている。これらの問題は，日本型雇用システムの矛盾がさらに深まり，処遇格差や過重労働の問題が，もはやシステム内部で補完されないために噴出している。

　日本型雇用の外部の労働問題は，2000年代中盤以降，一挙に社会に現れることとなったが，これらは内部の問題と同様に，処遇格差と過重労働の問題に大別できる。ただし，この処遇格差も過重労働も，従来の日本型雇用システム内部の問題とは規模も性質も異なり，システム内で問題を「補完」する方法をもっていない。それゆえに，日本型雇用システムの「外部」なのである。

　第一に，若年非正規雇用労働者が激増した。いわゆる「フリーター」問題である。高校や大学を卒業したにもかかわらず，正社員としての就職先を見つけることができず，アルバイト就労を繰り返すような若者層が出現した。従来の日本型雇用システムの枠組みでは，若者は正社員としてまず雇用されていたが，彼らはその「外部」に染み出している。同時に，「フリーター」は，男性の収入に依拠する「主婦パート」とも異なり，システム内部で補完される位置づけをもっていない。

　第二の問題は，アルバイトに従事する「フリーター」とは異なり，契約社員や派遣社員といったフルタイム就労の非正規雇用が広がったことである。「フリーター」の多数が親と同居するのに対し，契約社員や派遣社員は，自ら家計を自立する「家計自立型」の非正規雇用労働者である。それゆえ，フルタイムで正社員に近い働き方をしているのだが，やはり賃金は時給制であり，低い水準に抑えられている。彼らの存在は，日本に「ワーキングプア」という新しい問題を引き起こした（従来の非正規労働者も収入は乏しかったが，家計補助型であるために「プア」ではなかった）。

　第三の問題は，若年正社員雇用で発生した「ブラック企業」問題である。「ブラック企業」において労働者は，学卒後，正社員として就職しながら，過酷な長時間労働，ノルマなどを課され，早期に離職せざるをえなくなる。

彼らは「正社員」でありながら，長期雇用や年功制賃金は保障されておらず，能力開発も行われない。比較的単純な業務に長時間従事させられた末に，その多くが精神疾患を罹患し，離職するのである。彼らは日本型雇用以上の広範な，「無限」ともいえる指揮命令の下に置かれながら，その対価として期待される終身雇用や年功制賃金は適用されない。「ブラック企業」は若者の日本型雇用への期待を利用して「無限の貢献」を求める一方で，その対価を保証しないのである。ブラック企業問題もやはり，日本型雇用システムの外部に位置づけられる。

　第四の問題は，「求人詐欺」である。求人詐欺とは，企業が大学新卒や転職者に対し，虚偽の求人情報を提供して採用する問題を指している。日本社会では従来から日本型雇用への信頼が厚かったために，求人情報は簡略化されており，入社時に契約書を作成しない文化も根付いてきた。求人詐欺はそうした日本型雇用システムへの信頼を逆手に取ることで現れた，新しい労働問題である。ここでも従来の雇用システムへの信頼・期待を悪用し，まったく異なる労務管理手法を採る企業が問題を引き起こしている。

　第五の問題は，「ブラックバイト」と呼ばれる学生アルバイトの労働問題である。「ブラックバイト」は「学生であることを尊重しないアルバイト」であると定義されている。「ブラックバイト」では，時給制の学生のアルバイトに対し，正社員並みの責任を求めるのである。従来の非正規雇用が正社員よりも抑制された指揮命令権限の下で働いていたのとは対照的である。主婦パートにせよ，従来の学生アルバイトにせよ，指揮命令権限が抑制されていたからこそ，家庭や学校生活との両立が可能であった。「ブラックバイト」はこうした日本型雇用システムにおける非正規雇用の性質とは明白に異なっている。

　以上の通り，近年の若年労働問題を列挙してきたが，これらはすべて，日本型雇用システムの縮小・崩壊と関連しているのであり，戦後日本社会が作り上げてきた労働社会の延長線上に起こっている。日本の労働問題が決して一時的・偶発的な問題ではないことを認識することは，本章の最後に示す教育の課題を考えるうえでも重要である。

第2節　ブラック企業問題

本節では「ブラック企業」問題の実例を紹介する。すでに述べたように，「ブラック企業」は正社員として若者を採用する一方で，従来型の雇用管理を行わない。具体的には，高度な能力を必要としない単一の職務に従事させ，これに心身の限界を超えるほど長時間従事させることで精神疾患を発症させるなどして離職を余儀なくさせてしまう。そのような一群の企業が「ブラック企業」である。このような労務管理を行っているために，これらの企業では若者の離職率が高い。本節では，これら「ブラック企業」の具体的な事例を見ていく。

1.　大手ディスカウントショップ

A（敬称略）は，大手小売業（大規模ディスカウント店）に大学新卒で2008年に入社し，7年間就業した末，長時間労働から精神疾患を発症し，退職した。

Aは地方中枢都市にある私立大学の3年生後半から就職活動をはじめ，同社に応募すると，早くも3年生の3月に内定が出た。初任給が月給23万円と他社にくらべて高額だったことが入社の動機だった。求人には「残業代は出る」とも書かれていた。

だが，実際には深夜勤務の遅番に回され，17時から2時が定時のはずが，16時から翌朝5時までの就労となった。法定休憩もとることができず，食事の時間も15分程度であった。また，給与についても，入社後に基礎給が15万円であり，みなし残業代（「固定残業代[3]」に相当する）として40時間分に相当する8万円が含まれていることが知らされた。さらに，40時間を超える残業について申請することは許されなかった。

入社4年目の2011年6月，Aは「管理職」に抜擢された。昇進の際には労働条件についての説明はなく，「（給与は）上げるから」とだけ告げられたが，後に「管理監督者[4]」扱いになる（月給32万円）ことがわかった。

Aは「管理監督者」の扱いとなった後，開店時間が長い店舗に異動になっ

た。通常は夕方 17 時から早朝 3 時までの勤務時間が，その店舗では早朝 5 時までの勤務になる。長い日には 16 時から朝 6 時まで，連続で 14 時間勤務であった。まったく睡眠をとることなく，翌日のシフトに入ることもしばしばであった。

　同社では，アルバイトや正社員は常に人数が絞り込まれていた。とくに深夜は，人数が足りなかった。昼は 30 人が勤務する店舗でも，夜は 10 人足らずのこともあった。一方で，「管理職」には必ず前年を上回る販売実績が求められ，これを達成できない場合には賞与の極端な減給や降格処分が行われていた。休日にも頻繁に店舗から呼び出しが行われることに加え，業績を達成するためにも目を離すことができなかった。

　このような長時間労働とノルマ，慢性的な人手不足に順応していく中で，A は次第に「思考停止状態」に陥っていったという。これは A が辞めずに 7 年間働き続けた理由とも関連する。「新卒採用だったので，『それが当たり前』だと思った」のだという。また，長時間労働で，「考える時間なんてなかった」と振り返る。

　過酷な長時間労働と業績目標の一方で，社内での「扱い」は理不尽だと感じた。上司から胸倉をつかまれたり，怒鳴られることもしばしばであった。残業をせざるをえない業務状況で「なんで残業なんてしているんだ」と怒鳴られることもあった。入社 1 年目でインフルエンザにかかった時は，1 日も休みがもらえなかった。そのうえ，「何かかってんだよ」などの暴言を浴びせられた。

　同僚には摂食障害になった者がいた。「味覚がない」といっていた。体を悪くして辞めた者，鬱で辞めた者を A は 10 人以上見てきた。

　結局，A もあまりの長時間労働に，ついには「泡を吹いて」倒れ，救急車で搬送されてしまった。1 週間の入院中に，「このまま働き続けることはできない」とようやく判断することができた。だが，退職後の現在も後遺症の精神疾患に悩まされ続けている。

2. 大手外食チェーン店（喫茶店）

　次にみる事例は，労働者の会社への適応が過労自殺に至ったケースであり，以下の記述は，遺族が労働災害認定を求めて争った裁判の記録を基にしたものである（なお，2014年9月，東京地裁は当該事件における遺族側の主張を認め，労働災害ではないとした国の処分を取り消す判断をしている）。

　2006年12月，東京都のショッピングセンター内の喫茶店の「店舗責任者」だったB（25歳・女性）が，自宅マンションから飛び降り自殺をして亡くなった。同店を経営していた企業は，さまざまな外食チェーン店を全国に120店舗以上展開する会社である。

　Bは2005年5月に同社が経営する喫茶店チェーンの店舗にアルバイトとして採用された。2006年7月1日から同社の新宿の店舗にて正社員としての研修を受け，2006年8月末には正社員として雇用契約を結んだ。同時に，正社員契約の翌日から「アシスタントマネージャー」として「店舗責任者」を任されることとなった。アルバイト契約からわずか1年あまりでの抜擢である。人員不足が恒常化しているために，正社員に登用されると同時にBがそのまま店長の代わりを務めることになった事情がうかがえる。

　Bの労働内容は，店舗の接客業務，空き時間や営業時間終了後に行うアルバイトの管理（シフト管理，募集，採用，教育），売上管理（売上金の管理，保管を含む），クレーム処理，その他雑用等の店舗営業全般に及んだ。しかし，前述の新宿での正社員研修は，店舗責任者業務を前提としたものではなく，これらの職務の多くは全く未経験であった。

　こうした中，同店舗の恒常化した人手不足は過労自殺の直接の原因を作り出した。Bが店舗責任者になった時点で13名いた従業員のうち，正社員はおらず，11名は学生だった。経験の抱負なアルバイトも大学4年生で卒業を控えていたため，昼の時間帯の接客人数が不足していた。

　このように同店舗は慢性的な人員不足の状況にあり，他店舗に一時的な人員補充（ヘルプ）を要請することも頻繁にあった。Bは上司にシフトに入れる人数の少なさをメールで相談したが，上司からは人員調整の問題を解決するための具体的な指示を得ることはできず，根本的な解決策となるはずの，

同店舗に正社員の配置を増やすという対応が採られることもなかった。

　さらに会社は，11 月，同店舗で「レジ締め」と「キッチン締め」という重要な業務を任せることができるベテランのアルバイトを社員として引き抜き，同店舗を退職させた。直前まで B はこれを知らされておらず，激しく動揺し号泣，抗議していたという。

　一方で，記録からはこうした人員調整の不備は「B 自身の問題」として扱われ，当人がこれを「内面化」していたことがうかがえる。亡くなる前日に，学生アルバイト 2 人が，1 月いっぱいで辞めたいと申し出た際に，B は上司に次のようなメールを送っている。

　もう無理です！…今在籍 15 人です。内超新人が 3 人です。年内に辞めるって宣言しているのは 3 人，1 月で辞めるって言っているのは 3 人だったんですけど，今日 2 人増えました。今まで一緒に働いていた人が辞めちゃうのが不安だとか，いろいろ理由はあるそうです。みんなを不幸にしちゃって，もう悲しいです。誰も店に残りません。新年キッチンメイトも誰もいないです。

　これに対する上司の答えは B の「コミュニケーションの不足」を指摘し，さらなる努力を促すものだった。また，同時期に B は別の上司にアルバイトの退職について電話で相談をしていたが，その際にも「自分が悪い」と取り乱していた。翌日に残された遺書からも，あくまでも B が会社に「適応」しようとしていたことが見て取れる。

　みんなのこと大好きでした。絶対に HAPPY な職場にしたいと思ってました。不幸にしてごめんなさい。きっと，私がいなくなったら，もっとHAPPY に働けると思う。本当にごめん。シフトも協力してね。みんな大好きでした！　もう一度 chance あったら，メイトとして，もう一度働きたいです。店も好きです。みんなすごく協力してくれました。お母さん好きです。お母さんみたいになりたい。お母さん。お母さん。私みんなを不

幸にしました。

3. 問題の構図

　以上の「ブラック企業」の事例からは，大手企業でありながら，正社員採用の若者に対し，能力開発を行わず，長期雇用も前提にしていないような過酷な労働を強いていることがわかる。その一方で，比較的単純な労働に無際限に従事することを要求している。

　採用された側も，年功制賃金，終身雇用への期待から，労働条件を確認していない。そもそも，日本社会には契約書を作らない文化があった（現在は法律で義務づけられている）。このように，日本型雇用への期待や信頼から，労働者はどこまでも会社に適応しなければならないと考えてしまう。

　だが，短期的な「使い潰し」を織り込んだ労務管理を強いている企業では，そのような適応は難しく，その結果心身を壊してしまい，むしろキャリアを損なってしまう。一方で，親もそのような会社の実態に気づかずに，「頑張ればいつか報われるから」と子供を追いつめてしまうこともある。

第3節　「求人詐欺」問題

　ブラック企業問題に関連して，近年顕著に現れているのが偽装求人問題である。仮に「月給20万円」という求人票を大学に出していたとしても，本当の契約は「月給15万円」の可能性もある。2015年から，報道ではこれを「求人詐欺」「ブラック求人」などと呼称し，注意喚起を行っている。ここでも典型例をあげよう。

1. 実例

　ある大手居酒屋チェーン店を経営する企業では，新卒社員が亡くなる過労死事件が発生している。2007年4月に入社した24歳の男性正社員が，入社後わずか4カ月で急性心不全のため亡くなった。

男性は，平均して月に 112 時間の残業をしていた。毎朝 9 時頃に出勤し，夜 11 時頃まで働く生活を送っていたという。通勤時間などを差し引くと，自分の自由に使える時間はほとんどない。行政からは，労働に起因する死亡であることが認められ，労働災害として認定された。

この会社では新卒者の最低支給額が 19 万 4500 円とされていたが，実際にはこれは 80 時間の固定残業代を含んだ金額であり，本来の最低支給額は，12 万 3200 円だった。時給にすると 770 円程度になる。

しかも，こうした給与形態は予め示されたものではなかった。裁判所の認定によれば，当時のホームページには「月給 19 万 6400 円 (残業代別途支給)」とだけ記載されていた。80 時間以上残業しなければ残業代は追加されないことや，残業時間が 80 時間に満たない場合に給料が引かれることは全く書かれていない。本人がこの給与形態について詳しく説明を受けたのは，入社後の研修が初めてだった。本来の時給を覆い隠して人を集め，最低賃金ぎりぎりの金額で長時間働かせていたのである。

裁判では，会社だけでなく，会社の取締役についても責任が認められた。長時間労働を前提とした勤務体系や給与体系をとっており，労働者の生命・健康を損なわないような体制を構築していなかったことへの責任が認められる，画期的な判決となった。だが，80 時間を含めた月給表示そのものは違法行為ではないとされ，その後も掲載が継続された。

2．問題の構図

さきほどの A の事例においても見られたが，日本型雇用では契約書の内容よりも，将来的な昇給・昇進の可能性が期待されていた。そのため，契約書を細かく確認する文化がない。さらに，大学やハローワーク，リクナビ・マイナビといった就職ナビサイトに「虚偽の求人」を出した場合にも，強制的な是正措置が採られることは稀である。なぜなら，「求人票」と「契約書」は異なるからだ[5]。求人票は，あくまでも「契約の誘引」であると考えられている。そうであれば，それを見て契約をしたとしても，その「契約の内容」が求人票 (誘引) と同じである必要はないのだ。もし求人を出す事業者側が，

故意に欺くことを目的に事実とは異なる求人を出していたとすれば罰則の対象ともなり得るが，故意であることを証明することは事実上不可能である。

「求人詐欺」で最も頻繁に用いられる手法は，月給に残業代を含めて表示するというものだ。この方法には「あいまい求人型」と「契約強制型」の二つがある。前者は，「月給20万円（業務手当5万円）」などと表示しておき，入社後に「5万円分は残業代」として計算して給与を支払うというものだ。後者については，「月給20万円」と求人票に表示しておき，入社時に「月給15万円，固定残業手当5万円」というまったく別の内容の契約書にサインを求めるという形である。

どちらの場合にも，詐欺に気づいた時には他社の内定を辞退している（ほとんどは入社後に発覚する）のであり，もはやその不当に改定された契約内容を受け入れるしかない。このような「求人詐欺」の手法は，今日大手企業も含め，広く活用されてしまっているのが実情である。なお，今日では「あいまい求人型」に関しては多くの判例によって，給与のあいまいな部分については基本給に組み込まれ，残業代も別途請求できるとされている。先の月給20万円（業務手当5万円）の事例の場合には，基本給（月給）を20万円とされ，残業代はこの基本給を基に計算される。こうした未払い賃金に関しては，労働者自身が請求しなければならない。

第4節　ブラックバイト問題

すでに述べたように，学生のアルバイトに，時給制でありながら「社員並み」に働かせるのがブラックバイト問題である。ここでも実例を見よう。

1. 実例

Cは大学1年生の秋にアルバイトを始めた。生徒からの人気も業界トップレベルと評される全国規模の大手個別指導塾である。仕事内容は「小学生〜高校生の指導」とだけ書かれていた。面接を担当したのは，教室を取り仕切

る室長。シフトは，授業と両立できるように週2日，1日1コマのみとした。

　異変が起きたのは，翌年春のことだった。きっかけは，就職をまえに，大学4年生の講師アルバイトたちが，5〜6人次々と辞めていったことだ。彼らが担当していた生徒が，残った講師たちに振り分けられた。Cの担当生徒は一気に増えて9人に。シフトは当然増え，週5日にまでなっていた。生徒の都合により授業時間が変更になることもあり，週によっては週6日勤務することもあった。4月になると新しく大勢の生徒が入会し，Cの担当はさらに増え，高校生2人，中学生11人になった。

　大学との兼ね合いが難しくなったため，「生徒が多すぎます。辞めたいです」と室長に願い出た。すると室長は「説教」を始めた。「お前はここで辞めていいのか」「お前がいてよかったと生徒に惜しまれるくらいになってから辞めろ」「いまのお前はマイナスばかりのままだ」「このままでは辞めさせない」。結局Cは，自分はあまり仕事ができるほうではないと負い目を感じており，「辞めるのは無理なのだ」と思い込んでしまった。

　一方，授業については，1コマ90分で1,500円が支払われるものの，授業前後の業務については，勤務報告書に記入した場合には，最低賃金水準の「事務給」が支払われた。そうした最低賃金の「事務給」は労基法違反の15分単位での計算だった。

　Cの睡眠時間は，徐々に短くなっていった。塾の仕事を終え，家に帰ると22時半ごろ。大学の課題を片付けなくてはならず，23時くらいから勉強を始める。勉強を終え，睡眠するのは深夜1〜2時ごろ。朝は9時20分から1限の授業があり，朝7時ごろに起きて洗濯や掃除，朝ごはんをつくって食べ，通学。授業中に寝ることが多くなり，友達から心配されるようになった。16時半に大学が終わると，そのまま塾へ向かう。このサイクルを週5，6日繰り返した結果，Cは体調を崩してしまった。

2.　問題の構図

　事例は個別指導塾のものであるが，今日，外食チェーン，小売りチェーンなどの比較的単純な業務を行う大企業の店舗で学生アルバイトは「中心的戦

力」とみなされている。労働が比較的単純である以上，時給の低いアルバイトでも，ほとんどの業務を遂行可能だからである。

　このような過密な業務遂行に誘引するために，企業の管理者は「やりがい」や「成長のチャンス」「社会人として甘い」などという言葉を持ち出して学生に適応を迫る。だが，時として，そうした過密労働は，学生の学業との両立が困難になってしまうこともある。

　こうした事態は，日本の社員全般が被っている問題と共通している。どこまで貢献し，適応しなければならないのかがあいまいな中で，自分の生活や健康を犠牲にしてまでの適応が求められるという問題である。

第5節　おわりに——労働問題をどう教えるか

　以上の日本の労働問題の概観からは，進路指導に当たって二つの示唆を得ることができるだろう。第一に，進路指導と並行した労働法教育・権利教育の必要である。本稿では詳述できなかったが，「ブラック企業」や「求人詐欺」に対しては，法的な権利行使が可能である。そうした権利意識を養うことが，これからの社会を生き抜くうえでも，自らのキャリアを守るために必須である。

　第二に，問題となっている企業の業態は，主にサービス業の労働集約型産業であることに気づくだろう。あるいは，総合メーカーのような従来型の産業の場合にも，営業職のように限定された業務に採用された場合に，過重労働や，「求人詐欺」問題は発生しやすい。したがって，これらの労働集約型の産業の企業や業種に就職した場合には，「貢献」と「報酬」が一致しない可能性が高く，とりわけ自らの処遇が貢献に見合っているのかをシビアに問う姿勢が求められる。これらの職場に対しては，努力によって適応し，「がんばっていれば」将来が切り開けるわけではない可能性が高いのだ。

　一方で，いうまでもないことだが，日本の企業の多くは今でも「日本型」を堅持している。そうした従来型企業に入社した場合には，自らの能力を発

展させるキャリアを描くことが，今でも可能である。ただし，それらの企業では，従来から問題となってきた女性差別や生活との両立の問題が立ちはだかることになるだろう。「ブラック企業」とは質の異なる問題だが，ここでも自らの権利行使の課題が待ち構えているのである。

[今野　晴貴]

● 考えてみよう！

▶ 私たちは会社に入ってから，どこまで「頑張るべきか」を考えてみよう。

▶ 労働問題を生徒にどう教えるのか，考えてみよう。

▶ 権利について，生徒にどう教えるべきか，考えてみよう。

● 注

1) もっとも，労働者管理の視点を重視する研究からは，こうした分析に異論も示されている。必ずしも労働者の能力と昇給・昇進が一致していたのではなく，労働者のモチベーションや企業への貢献意識を引き出すことに主眼があったという考え方だ。こうした見方は，次に見る「企業への貢献」の過剰という日本型雇用の負の側面を説明するうえで説得力がある。

2) 1993 年にパートタイム労働法が制定された。だが，その規制の効力はきわめて乏しいものであった。また，2007 年に制定された労働契約法では，有期雇用労働者に対する不合理な待遇格差が禁止された。さらに 2020 年には働き方改革関連法の成立により，パートタイム労働法は「パートタイム・有期雇用労働法」に改正され，労働契約法における非正規労働者の待遇格差についての規定もこれに移された。同法はパートタイム・有期雇用労働者のあらゆる待遇について，不合理な待遇差を設けてはならないことを明記している。ただし，「不合理な待遇差」は極めて厳格に解釈されており，2020 年に相次いで出された最高裁判決においては，賞与や退職金など給与の基本的部分についての待遇格差が不合理とは言えないと判断されている。

3) 通常の月給は一日 8 時間，週に 40 時間をベースにした「法定労働時間」分の賃金として算出され，この時間を超える労働時間については「残業時間」とされる。固定残業制とは毎月支給される「手当」として，残業代分を当てる「固定残業手当」を設定するものである。ハローワークや就職ナビ（リクナビ，マイナビなど）では，この固定残業手当が「月給」に含まれた額として表示されることがあり，社会問題となった。2018 年 1 月から施行された改正職業安定法によ

って，職業紹介事業者が固定残業代を支給している場合には，これを明示することが義務付けられた。

4) 管理監督者とは，「経営者と一体的な立場」にある労働者を指しており，割り増し残業代の支払いなど，労働法の一部が適用されない。だが，出退勤の自由などが保証されない限り，適法な管理監督者とはいえない。このケースにおいても，適法な管理監督者にはあたらないと考えられる。なお，なぜ違法な労務管理が日本社会にまかり通っているのかについては，今野（2013）を参照してほしい。

5) 「求人詐欺」対策の一環として，2018年1月に職業安定法が改正され，虚偽の求人申込みが罰則の対象となり，また，採用時の条件があらかじめ示した条件と異なる場合等には，その内容を求職者に明示することが求人者に義務付けられた。これは「求人詐欺」の横行に一定の歯止めをかけるものではあるが，前者については本来の労働条件明示の義務づけが明確になされていない点，後者については明示内容を企業側が選択できる点に制約があり，その効果は限定的なものにとどまるだろう（詳しくは拙著『求人詐欺』を参照）。その理由は，刑事的な効果と民事的な効果は異なるからであり，刑事的な措置で民事的な詐欺行為を完全に取り締まることは不可能だからである。後述する「契約強制型」の場合には，詐欺ではなく新しい「合意」が成立したものとみなされてしまう。

● 引用・参考文献

大内裕和・今野晴貴（2017）『ブラックバイト 増補版―体育会系経済が日本を滅ぼす』堀之内出版

木下武男（1999）『日本人の賃金』平凡社新書

熊沢誠（1997）『能力主義と企業社会』岩波書店

熊沢誠（2000）『女性労働と企業社会』岩波書店

熊沢誠（2007）『格差社会ニッポンで働くということ―雇用と労働のゆくえをみつめて』岩波書店

後藤道夫（2011）『ワーキングプア原論―大転換と若者』花伝社

今野晴貴（2012）『ブラック企業―日本を食いつぶす妖怪』文藝春秋

今野晴貴（2013）『日本の「労働」はなぜ違法がまかり通るのか？』星海社

今野晴貴（2015）『ブラック企業2―「虐待型管理」の真相』文藝春秋

今野晴貴（2016a）『ブラックバイト―学生が危ない』岩波書店

今野晴貴（2016b）『求人詐欺―内定後の落とし穴』幻冬舎

田端博邦（2007）『グローバリゼーションと労働世界の変容―労使関係の国際比較』旬報社

濱口桂一郎（2009）『新しい労働社会―雇用システムの再構築へ』岩波新書

本田一成（2010）『主婦パート　最大の非正規雇用』集英社新書

▶ 働きすぎて死ぬのは「自己責任」だろうか？

　「ブラック企業」という言葉が世の中に広がってから，「辞めたのは弱い人間」だという反論を頻繁に見るようになった。「勝ち残った人もいるのだから，病気になって辞めた人は自己管理能力がない」「弱い人だ」という意見だ。

　同じようなことは，実は過労死・自殺の裁判でも常に問題になっている。同じくらい過酷な労働に従事したとしても，死んでしまう労働者もいれば，死なない労働者もいる。だから，「死んでしまった労働者が特別弱かった」か，あるいは「自己管理能力がない」ことが過労死・自殺の原因であり，亡くなったのは「自己責任」だというのである。

　確かに，人間社会には「強い人間」と「弱い人間」がいる。私たちは，この事実に向き合うときに，何を考えなければならないのだろうか。

　第一に，人間の企業社会への「適応力」には差が認められる一方で，現在の企業社会は，長時間労働が蔓延していることにも見られるように，必要とされる「適応」の水準が極めて高いところに設定されている。海外では労働時間に上限規制が設けられるなど，労働者に求められる「適応」に歯止めをかけている（なお，働き方改革関連法の施行に伴い，2019 年からは日本においても労働時間に上限が設けられることとなったが，その水準は過労死ラインである月 80 時間の残業に設定されているほか，業種等の抜け道も多い）。つまり，求められる企業への「適応」の水準は社会的に決定されるのであり，常に社会全体に問われている事柄である。そして，この「水準」を超えた適応を求められた場合，過労に陥るのは自己責任ではありえないはずなのだ。

　第二に，どれだけ適応力の高い人間でも，過労死・自殺のリスクは常にあるのだということもおさえる必要がある。過労死の発生とは，偶然的にある人が生き残り，ある人が病気で死んでしまっているというだけに過ぎない。私が相談を受けた，精神疾患に陥った管理職の労働者たちは，「自分は生き残れると思っていた」「辞めたやつは弱い人間だと思っていた」「なぜ自分が鬱病になったのか……」と皆，異口同音に話す。「絶対に強い人」など存在しないのである。

　第三に，求められる適応の水準が高く，100 人に 1 人が「適格」として選抜されるような労働では，そもそも社会では成り立たない。80 人が選抜される労働なら，社会は成り立つかもしれないが，20 人は排除されることになり，差別や不効率の問題を引き起こす。適応の基準が低く，100 人が 100 人労働に参加できる社会は，最も包摂的で無駄のない社会だといえるだろう。

　以上のように，過労死を「自己責任」とみるのか，「過剰な適応の要求の結果」だとみるのかで，社会や労働の見え方は大きく変化する。私たちは，より適応の基準が低い，包摂的な社会を目指すべきではないだろうか。[今野 晴貴]

索　引

教師のための教育学シリーズ
刊行にあたって

　学校教育の第一線を担っている教師たちは，現在，数々の大きな課題に直面しています。いじめ，不登校などの解決困難な教育課題への対応，主体的・協働的な学びへの期待，特別支援教育の充実，小学校外国語活動・英語の導入，道徳の教科化，ICT の活用などの新たな教育課題への対応，「チーム学校」への組織改革，保護者や地域住民との新しい協働関係の構築など課題が山積しています。

　本シリーズは，このような現代的な教育課題に対応できる専門性と指導力を備えた教師を育成するため，教職に関する理解を深めるとともに，その基盤となる教育学等の理論的知見を提供することを狙いとして企画されたものです。教師を目指す教職課程の学部生，大学院生，社会人などを主な対象としておりますが，単なる概説や基礎理論だけでなく，現代的な課題，発展的・専門的内容，最新の理論も取り込み，理論と実践の往還を図り，基礎から発展，応用への橋渡しを図ることを意図しています。

　本シリーズは，幼稚園，小学校，中学校，高等学校，特別支援学校など幅広く教員養成を行い，修士課程，教職大学院，博士課程を擁するわが国最大規模の教育研究機関であり，教育学研究の中核を担っている東京学芸大学の研究者教員により編まれました。教員有志により編集委員会をたちあげ，メンバーがそれぞれ各巻の編者となり，長期にわたり企画・編纂してまいりました。そして，本シリーズの趣旨に賛同いただいた学内外の気鋭の研究者の参画をえて，編者と執筆者が何度も議論を重ねながら一丸となってつくりあげたものです。

　優れた実践的指導力を備えた教師を目指す方々，教育学を深く学びたいと願う方々の期待に応え，わが国の教師教育の在り方において重要な道筋を示すものとなることを心から願っております。

　　　　「教師のための教育学シリーズ編集委員会」を代表して　**佐々木　幸寿**

【監修】教師のための教育学シリーズ編集委員会

【編著者】

林　尚示（はやし　まさみ）
東京学芸大学教育学部教授
栃木県生まれ。1999年，筑波大学大学院教育学研究科（博士課程）
単位取得退学。博士（教育学）（日本大学）。筑波大学技官，山梨大
学講師，山梨大学助教授等を経て現職。
（専攻）教育方法学
（主要著作）『学校の「いじめ」への対応とその予防方法—「生徒指
導」と「特別活動」の視点から』（培風館，2014），『特別活動：理
論と方法』（編著，学文社，2016）ほか。

伊藤　秀樹（いとう　ひでき）
東京学芸大学教育学部准教授
東京都生まれ。2013年，東京大学大学院教育学研究科（博士課程）
単位取得退学。博士（教育学）（東京大学）。東京大学特任研究員，
東京大学助教を経て現職。
（専攻）教育社会学
（主要著作）『高等専修学校における適応と進路』（東信堂，2017），
『半径5メートルからの教育社会学』（分担執筆，大月書店，2017）

教師のための教育学シリーズ10
生徒指導・進路指導—理論と方法—　第三版

2016年10月10日　第一版第一刷発行
2018年9月20日　第二版第一刷発行
2024年4月20日　第三版第一刷発行

編著者　林　尚示
　　　　伊藤秀樹

発行者　田中　千津子　　〒153-0064　東京都目黒区下目黒3-6-1
　　　　　　　　　　　　電話　03（3715）1501 ㈹
発行所　株式会社　学文社　FAX　03（3715）2012
　　　　　　　　　　　　https://www.gakubunsha.com

ISBN 978-4-7620-3272-1